洪蘭老師
從科學實證中
談孩子成長與教養學習

給0～12歲孩子的家長
符合大腦科學的教育方式

洪蘭 ——— 著

華 品 文 創

以愛為經　以識為緯

蔡穎卿　知名親子教養專家

　　我認為，父母愛孩子的心既是天性，也會因為環境的影響與刻意的培養而茁壯，因此，自古以來，慈幼懷少就是社會教化的重點之一。但滿懷愛意的父母卻不一定具備正確的觀念和進化的方式；所以，反省與學習成了代代父母的責任。洪蘭老師在36講中的殷殷叮嚀，便是以愛為經，以識為緯；以保留正確經驗的穩定，和解說新知所帶來的教養遠見和成長的希望。

　　在我寫過幾本書之後，曾有不少人說我是一個「很有天份」的母親。每在演講結束、或收得來信得此讚語之後，我都只能含糊一笑，並沒有機會表達對這種說法的感受，今天藉著寫老師新書的讀後感，談談我所了解的父母功課；因為，無論是先天的條件或後天所需的努力，老師這本書涵蓋的就是父母的功課。

　　我在他人眼中所擁有的天份，其實是老師在書中分為好幾講提醒父母要為孩子儲備的能力。「有原則的、腳踏實地」教養孩子說的正是我確信35年前，初為人母時父母親已教導我的能力。例如：了解責

任的定義、培養出對家庭與社會的責任心（31講）待人處事的同理心（18講）、了解社會化的意義（24講）、鍛練出的生活習慣（8講）能接受挫折與壓力（34講），在這些基礎下我上路當了父母，平凡踏實，勝任愉快。直到十五年前認識了洪蘭老師，我才了解教養更廣義的困難和美好。家庭要成為孩子溫暖的避風港，不只是心願，父母還需要與時俱進的努力，促進自己的成熟。

在認識老師之後的這十五年中，親炙的機會相對於閱讀老師的文章、譯作或聽演講的次數來說，是少的；偶而一起工作，我從老師擔心社會的心情與眼明口快，言簡意賅的話語中，總會想起杜威在《民主主義與教育》中的一段話：

僅僅形體的生長、僅僅熟悉維持生計所需要的事項，將不足綿延群體的生活，還需要有方針的努力和深思遠慮的經營。唯有教育能彌補成熟和不成熟之間的鴻溝。

多年來因為經常閱讀老師介紹有關大腦的新知，所以在面對新生

代教養工作時自然排除了不少的疑惑。比如說，對於記憶力的訓練，老師的講解就非常直接、清楚。她不會讓問題在「重不重要」的主張中擺盪，或以模稜兩可的語言增添父母的憂慮。老師清楚地告知「記憶是學習的根本」，又解釋了記憶的本質和增進記憶的各種方法。這麼一來，每一位願意看書並仔細思考的父母，就不會再停留在這類問題膚淺的層次中進行無謂的爭辯；或採信孩子如果「記憶力不好，創造力相對就比較強」的說法；也不會再以「你像媽媽，媽媽就是記憶力不好」做為慈愛的安慰。

反覆幾次聽、讀老師的新書內容，我曾想，父母如果能用心把老師的舉例解釋和以科學實證的單元一一看懂、想通，真的就可以運用日常生活隨手可得的機會關心孩子的學習，進行輔導。我尤其希望所有父母都不錯過書中的這句叮嚀：記憶不需要補習，父母只要了解大腦是如何處理記憶，就知道如何去幫助孩子了。今年六十二歲的我，讀了這幾章之後，所收穫的，不只是眼前教學的方法，也開始積極地規劃老年自我教育的練習。

在這本書中，老師對父母說：「教養孩子，本來就是花時間的。」他要年輕父母面對教養工作時不要急，但這不是春風輕拂的安慰而已，而是不想要大家受社會混亂價值的影響，揠苗助長，忘了一步一踏實。但老師做事是有全景觀、有責任感和極有效率的，所以，她也說：時間不能錯用。應該花的時間，是如郭橐駝種樹那樣：心定力適；不過，也非不及。所以我在這本書中看到了自己非常喜歡的觀

念；那是經常想跟家長討論卻不容易闡述的部分：節省。老師則以大腦的運作，簡易清楚地給予各種分析，告訴我們一個事實：資源有限，必須更經濟的使用。

幾個月前，曾有一位外婆讀者打電話給我，她因為從書上得知我的小女兒也是左撇子，所以想知道該不該改小孫女目前的慣用手。話中提到她身邊有許多教育專家，朋友們給了她不同的建議，所以這位愛孫心切的外婆很猶豫。

我從她的傾吐中聽出既患得又患失，捏怕死、放怕飛的焦慮：

如果從左手改右手，萬一失去藝術氣質怎麼辦？

如果不改，萬一將來寫字讀書趕不上別人怎麼辦？

說了許久之後，她不好意思地告訴我說，其實家中小孫女很伶俐，有些事可以兩手自如地做，所以她想知道，我認為該不該訓練她左右開弓。

真慶幸有老師，如果由我來說，只會以自己的經驗回答說：「我可以體會孩子現在還很小，做事左右開弓很能幹、也很可愛，但慢慢地要做更難、更複雜的工作，大概就不可能了。」但這樣的話一出，等於給熱情的希望上澆上一盆冷水。我主觀的經驗缺少科學的根據，話就說得不好了。所以這樣的問題引用老師書中的分析就短而有用，立解糾結，老師說：

「大腦的資源是有限的，如果右手做事很順利，那麼用右手時動用的大腦資源便少一點，省下的資源就可以去做別的事。左右開弓不

但不符合演化的規則，對孩子而言也完全沒有必要。」

又有一次，我跟一群家長提到孩子寫字越來越不講究筆順，想到什麼寫什麼；錯了改，改了錯，我看了很擔心。擔心他們這種寫法，除了已經學過的字記不牢之外，學新的字也不懂得利用輕車熟路的資源。但許多家長告訴我說，有些老師覺得筆順並不重要，跳來跳去的寫，還能寫出正確的字，就代表孩子格外聰明。於是，我又想起老師書中的話「為什麼寫字一定要堅持固定的筆順，因為筆順是另外一條進入大腦的路。　」我所高興的，不只是這句話增進了我對學習的了解和有效練習的確信，還因為同時想起第19講中說明的另一種經濟：好習慣是大腦最節省資源的工作方法。貫通了這些想法，會使人尊重感謝傳統方法中深思熟慮的訓練，又同時願意積極地吸收新知，改良舊有無益的部分。

十五年了，我看到老師的教育誠懇、教學熱情和活到老學到老的身教，因此我完全了解她在36講中，從食物提到的一句話：

父母是大自然為孩子準備的保護者。

我們如何能不改初衷當父母，又如何不負老師期望地「享受」當父母的過程。大概是每一個人要好好讀過、聽過這36講之後才能有的交流吧！

心地純潔　目標遠大
她是　也期待孩子如是

田麗雲　好好聽文創傳媒公司內容長

　　認識洪蘭老師是在2007年的時候，當時我停下了工作多年的腳步，思考如何脫離一成不變的日子，而後到了IC之音‧竹科廣播。

　　IC之音的開台總經理姜雪影GC給我的第一個任務，就是邀請到洪蘭老師為我們開闢一個親子節目。眾所周知洪蘭老師忙得不得了，無論說話、走路、生活⋯⋯速度都極快，她珍惜每一分每一秒，怎麼可能來做一個廣播節目呢？多年後她果真問我「我為什麼會答應妳做節目啊？」

　　我給老師寫了一封信，GC竟然要先看過，她說我們請老師談教養，自己的一言一行也必須知禮懂禮，見信如見人哪！後來老師約我見面，這件事成了！看來我的信寫得還行。

　　每隔兩週我要到中央大學去一趟，老師撥出休息時間錄音。大概一年之後，忽然有一天老師很不好意思的說：我其實可以去錄音室呀！她此時才知原來做節目是要進錄音室的，而前往錄音室要多花好

幾倍的時間。這是她的體貼。

　　後來的幾年時間，大部分都是我陪伴老師一起錄音，熟悉的人會讓她心情比較穩定，是的，她會緊張呢。也因為這樣的接觸，讓我重新認知了過往父母對子女的教養原來有那麼多似是而非的作為、有那麼多錯過的時間和機會。老師征服了聽眾。

　　十幾年的時間，也讓我看到了一位嚴以待人（老師真是愛之深而責之切呀！）、更嚴以律己的典範。老師會忍不住針貶時事、甚至月旦人物（這也是她要我與她一起錄音的理由，我可以幫她踩煞車），但言談背後更多的是擔憂，擔憂教育、擔憂家庭親子關係、擔憂社會的變動……我看著她的焦慮卻又無能為力。

　　偶爾我會忍不住說：您不要急，不要想那麼多。有一回她指著頭頂讓我看，說妳看我頭頂都開始禿了，我年紀大了，怕來不及，要趕快做更多事！於是我想到是否為老師的親子教養做一個總整理，在孩子一出生到12歲這段黃金成長期，提供家長關於教養最重要的關鍵點，用實證告訴家長，不要繞圈子浪費了教養時機。

　　我們用了一年的時間，從100個議題中挑選了最重要的36個，而

且重複錄了三遍。眾所周知老師的語速非常快、而且腦中有太多東西，想給得太多，於是內容和時間一不小心就都超出設定。最後我們用了最笨的方法，老師先錄一遍，然後轉成文稿，潤飾後以1200字為準再錄第二遍。

　　錄音過程裡常常出現這樣的情況：老師突然岔題，然後立刻說「哎呀我又岔題了，回來回來，這段不說了。」我知道那是因為她腦子裡的東西太多，而她又多麼急切的想讓家長們理解更多。

　　完成了音頻，老師重新潤稿，再完成了紙本書，它值得家長們人手一冊，書中不但有教養的關鍵點，還有洪蘭老師對孩子們的期待與關愛，因她總讓我想起麥克阿瑟的「為子祈禱文」：請幫助我的孩子心地純潔、目標遠大、不追求安逸、謙遜、會笑也懂得哭……。

　　老師有點小固執，想想70多歲的她，依然保持著每晚12點入睡，早上五點起床看書、翻譯、寫稿，外界對她偶有爭議，她說她不看不聽；我知道她心裡是受傷的，但她依然默默以自己的規律行進。無論喜或不喜，一個對待自己都固執而堅持的人，當然可以理直氣壯。

　　何其有幸能陪同老師一起工作。

符合大腦科學的網路時代教養方式
——給0～12歲孩子的家長

　　每個父母都希望子女將來成龍成鳳，卻苦於不知道該怎麼教才能達到這個目的。尤其在大腦科學成為顯學之後，父母親都知道了大腦發展對孩子未來的重要性，卻因自己沒有這方面的知識，反而更加不知該怎麼教了。因為傍徨，很多父母轉而相信坊間補習班的大腦開發、潛能開發等宣傳，以為盡量給孩子各種聲光刺激才能促使大腦發育。其實這是錯的，過多刺激對大腦的發展不但無益，反而有害，揠苗助長已經很可怕了，盲目的揠苗助長更可怕。鑑於此，我將這些教養議題做成十分鐘的課程，從零歲開始，跟隨著孩子的成長，點出最重要的教養關鍵，讓繁忙的父母親可以一邊開車或做家事一邊聽，在短短時間內聽完一課，又因為中文的同音字多，加上我說話的速度常慢不下來，怕父母親聽不清楚，會錯意，我又把它們寫出來成為這套「符合大腦科學的網路時代教養方式——給0～12歲孩子的家長」的有聲書加紙本，希望籍由這些經由實證研究得來的大腦知識，給父母一些正確的教養觀念。

　　這套有聲書加紙本一共有36堂課，從一出生的零歲到小學畢業時

的十二歲，就各個時期父母會遇到的問題，用實驗的方式解答，也就是說，我盡量引用實驗，請父母親依實驗的結果，自己去判斷這種做法對您的孩子合不合適，畢竟每個孩子不一樣，只有父母最知道某個教養法可不可以用在自己孩子的身上。

比如說，零到三歲是大腦發育的黃金時期，我規劃了好幾堂課告訴父母可以怎樣幫助寶寶大腦的發展。研究發現頭三個月很重要，要安靜的讓大腦自己去發育，絕對不能像坊間視頻說的，每天替二個月大的嬰兒做體操一百次，上下左右擺動他的手腳，把他抱起來全身上下狂拍。寶寶的頭三個月，基本上只要讓他眼睛睜開就看得見媽媽，永遠有個笑臉在對著他說話，他能吃的飽、睡的暖，這樣就夠了。三個月後，他頸部肌肉逐漸有力可以抬頭了，眼睛搜索的範圍變大了，這時可以進一步的作親子互動，開始建立他的好習慣。

研究發現生活習慣和情緒的控制幾乎一出生就可以教，因為寶寶掌管學習的鏡像神經元和掌管情緒的邊緣系統一出生就開始在運作，這個時候的嬰兒只要醒來，眼睛睜開，他就在學習將來要生活的外在

世界，在聽他將來要講的母語。所以有一本科普暢銷書叫《搖籃裡的科學家》，兩位作者都是美國名校的神經發展學家，書中告訴我們絕對不能低估孩子的能力，他們絕對不是一張白紙，演化讓他們有很多先備的知識，登錄在他們的基因上面，使他們一出生就像個小科學家，收集外在世界的數據來建構他心智的基模，不停的測試他們的假設，作者說，小寶寶坐在高椅子上丟東西時，媽媽不要生氣，他在測試這個東西的屬性及他自己的臂力啊！

　　嬰兒一出生就喜歡看人臉(這是相較與幾何圖形)，也會搜索會動、會出聲音的刺激，女嬰尤其喜歡跟母親眼神的接觸，他們在情緒方面的反應，如恐懼、焦慮，已經和成人很相似了。有一個實驗發現當滴一滴糖水到寶寶的舌頭上時，他左邊的額葉皮質會活化起來，而滴一滴檸檬水到他舌頭上時，他右邊的額葉皮質會活化，跟我們大人喜歡或不喜歡時大腦活化的地方是一模一樣的。

　　零到三歲這段期間，寶寶的大腦神經元瘋狂的在連接，他們的突觸一秒甚至可以有四萬個連接，但是這個時期的重點在「主動」，因為大腦的機制是用進廢退，用得到的保留，用不到的刪除。因此，寶寶會爬以後，請把家中凡是不要他摸的東西全部都移開，讓他盡量的去探索，他爬的每一步都是大腦的學習，他在探索和感受距離方位、物體的硬的、軟的、方的、圓的、扁的……，他的每一個神經元都在大量的彼此的連接，大腦其實不停的在生長，也不停的在修剪神經連接，就像一個好的園丁，他要不停的澆水施肥，也要不停的修剪多餘

的枝條，這個花園才會美麗。

三到六歲的幼兒園時期是另一個階段，這時寶寶開始體驗群體生活，學習人際關係。父母若從小有教他生活上的好習慣，如分享、物歸原位、不隨便拿別人的東西，這會幫助他順利的完成他的社會化，社會化是他以後情緒智商（EQ）的基礎。

七歲進學後，孩子生活的重點在學習上了。我規劃了好幾堂課來說明人類記憶的本質和大腦學習的策略。這個時期的重點仍在「主動」，只有主動學習，神經才會連接，學習才會有效。

伴隨著學習而來的是情緒的更進一步發展，除了父母他需要朋友，尤其是同學，因為他開始一天有很長的時間在學校中學習，他也會在學校中碰到一些被欺負的霸凌事件，這時父母一定要處理，語言暴力所造成的傷害甚至比肉體傷害還大，不要以為沒有被打就沒有關係，不可以把頭埋在沙中，希望問題會自己消失掉。父母要跟他解釋朋友的定義，一個人不可能喜歡所有的人，也不是所有的人都會喜歡他，他要接受這個事實。父母一定要幫助他解決被同儕排斥的問題，因為研究發現被排斥是孩子最大的恐懼和痛苦。絕對不能讓孩子覺得自己是孤立無援的。安全感和信心兩者都是來自父母無條件的愛，而自信心更是來自同儕對他長期的肯定。孩子需要發展出長處來給他自信，所以父母不要執著於分數，分數只是評量的一個方式而已，而且不是最好的方式，因為許多未來重要的能力是分數打不出來的，品德就是一個。請父母把眼光放遠，找到孩子的長處，只要記得他出社會

是用長處在跟別人競爭，就不會斤斤計較他現在考幾分了。

　　因為現在是網路時代，3C產品隨處皆是，父母根本不可能防止，並且網路是有巨大能量的工具，孩子也不可能不用它。因此，這個時期的教養方式跟以前很不一樣了，現在的重點不在防止(就是「你不可以……」)，而在教導孩子正確的使用它（你可以……）。我有規劃幾堂課談一下自制和自律的重要性，記得當跟孩子說No時，要指出一條可以走的路來，他才不會被你逼到去說謊，因為很多時候孩子會說謊是他不得不做，但又不願讓父母傷心，所以就只好騙了。

　　父母不可能跟著孩子一輩子，若沒有及早教好自制和自律，學校功課再好都是空的。孩子三年級（九歲）以後，父母的管教方式一定要轉為「說理」，讓他了解為什麼不可以這樣做，這樣做的後果是什麼，告訴他勇者的定義是克服心中的慾望，用理智去執行大腦知道應該做的事，當我們把應該做的事先做完後，我們會突然發現可以做自己喜歡做的事的時間變多了。

讀者會發現我在書中一直強調品格的重要性，品格決定是人一生的成敗，孩子的教育不是始於他七歲進學，而是始於他出生後眼睛睜開的那一刻，所以「德」的教養在父母和家庭。

　　近年來認知神經科學最大的貢獻便是改變了過去「大腦定型不能改變，神經細胞死了不能再生」的教條。時代不一樣，世界對孩子的要求不一樣，父母的教養方式當然也要不一樣，希望本書能帶給父母一些有用的教養知識，減緩父母的教養焦慮，另一方面讓孩子快樂成長為國家的棟樑。

　　是為記。

洪　蘭

2022. 11. 25

 這本書我同步也錄製了音頻，家長隨時有空，隨時可點來聽，就像我跟家長們面對面的說話一般，希望您也能感受到我對孩子們教養的殷切之情。

1 | 嬰兒出生時知道什麼

教養孩子永遠不會太晚，因為大腦是可以改變的
所以你的孩子永遠可以學習，完全不要擔心
管教孩子只能有一個原則，不能讓孩子討價還價
如果不能堅持原則，再多的規則都沒有用

　　現在的父母親本身就有很大的競爭的壓力，除了在職場上的壓力，還包括對孩子未來發展的壓力。父母都希望提早替孩子做準備，讓孩子在職場一帆風順，因此很多父母親害怕錯過關鍵期，耽誤了孩子的前程，尤其坊間有很多的補習班都會告訴你，你沒有在幾歲以前，幫你的孩子這樣做或那樣做……就會錯過了關鍵期，以後就會來不及，所以現在的父母親除了焦慮，還附帶有罪惡感。

　　其實這些焦慮是完全不需要的，因為如果父母親處於焦慮狀態，孩子肯定也會感受到焦慮，哪怕你沒有在嘴巴裡講出來「我很焦慮」，但只要行為上、神態上焦慮，無形中你的孩子就已經承受焦慮感了。

　　所以，我想著如何把「認知神經科學」這四十年來一些有關孩子大腦發展和教養的科學證據，講給年輕的父母聽，使父母可以安心的享受育兒的樂趣。因為父母親時間很寶貴，所以我在每個單元只用三千字內的篇幅，讓家長在有空的時候輕鬆閱讀，當家長碰到問題的時候，知道該如何面對、如何解決。在這些單元裡，比較特殊的是因為我是做實驗的人，所以我在每一單元裡，至少講一個實驗證據，把教養原則講給父母聽，細節的部分，大家可以自己融會貫通，因為每個

孩子都不一樣，父母只要把握了原則，其他細節可以自己調整。

　　首先想讓家長們知道的就是，教養孩子永遠不會太晚，因為人類的大腦是可以改變的。我有一單元會專門談「大腦如何因為環境的需求而改變」，所以你的孩子永遠可以學習，永遠不會太晚，完全不需要擔心。另外，我要強調的是，管教只能有一個「原則」，全家人不論是祖父母、父母親或家裡的保姆、幫傭，管教孩子就只能有一個原則，不能讓孩子討價還價，父母親必須是令出必行，如果養成討價還價的話，再多的規則都沒有用了。

　　養成孩子的「好習慣」，因為好習慣可以節省大腦的資源。好的習慣也會幫助孩子在人際關係和事業上比較容易成功。所以我用科學理論和實驗的方式，去除家長在教養上的焦慮，讓家長能夠因材施教，而不是因為別人怎麼說，我就得怎麼做。

　　除了上面提到的原則之外，我還要強調一點：父母親應該怎麼做？其實父母本身就是一面鏡子、是孩子的榜樣，如果家長可以多了解孩子成長期間大腦和行為之間的關係，那麼，在成長的過程裡，孩子自然就會過的比較順利。

　　嬰兒出生的時候，究竟知道什麼？我們都認為，嬰兒只會吃喝拉

撒睡，好像什麼都不知道，其實，他知道很多的東西，關於這點後面會一一說明。

　　嬰兒出生以後，長得最快的就是大腦，小嬰兒出生的時候，大腦只有成人的25%，但是到了一歲時，他的腦就已經成長到70%了，到三歲的時候就已經達到成人的85%了。所以我們要理解零到三歲時，是孩子大腦大量發展的時候，我會告訴家長，這期間孩子發展了些什麼樣的神經連結與知識的架構。

　　嬰兒出生以後，他究竟知道哪些東西？我們首先要知道，嬰兒並不是完全的一張白紙，他擁有一些從人類演化基因上已經具備的本能。所以當你看到十個月大的嬰兒坐在椅子上把東西往地上丟時，你不要去阻攔，因為他正在學習，他大腦裡有天生具有的模組，每一次他張開眼睛看到的東西、耳朵聽到的聲音，他都會去跟大腦裡面先天俱有的模組做一些磨合，不合的時候，他便會改變這些模組去適應外面的世界。所以孩子大腦的發育在零到三歲時特別快，在知識的架構上也是每天學一大堆東西，這就是教育他最重要的時候了。

　　嬰兒出生的時候，視力還沒有發展好，他的眼球較小，眼軸較短，因此他看不清楚，只能聚焦在他眼前8吋到10吋的東西，或是母親抱起來餵奶時，從母親手肘到母親的臉這個20公分的距離；到五

個月大時，他的視力進步很多，深度知覺開始出現，到五歲時，視力就進步到跟我們差不多了。所以一歲半以前的孩子，看電視的時候會坐得很前面，你叫他退後，但你一走開，他就往前坐了，因為他看不清楚，所以自然會往前坐。這是因為他大腦的動眼神經外面還沒有包好「髓鞘」，還不能妥善的調整焦距。所以我們知道孩子的行為都與大腦有關，我們要順其自然，不能強迫，因為強迫沒有用，他看不見時一定會往前坐。寶寶的視力沒有發展完全之前，最好不要給孩子看閃卡或3C產品，因為那對孩子的視力有傷害。

胎兒在七個月大的時候，聽覺神經就已經發展完成了；實驗者讓媽媽坐在浴缸裡，突然按一聲喇叭，聲音透過羊水傳到胎兒耳朵裡，胎兒的心跳就突然加快，表示他有聽見。媽媽做家事的時候喜歡聽的音樂，胎兒出生以後也會喜歡，因為他耳朵聽得見。有一個很有趣的發現，就是孩子出生以後的哭聲跟他母語的重音很相似。比如說法國的嬰兒，因為法語的重音通常在後面，所以法國的嬰兒哭起來的聲音是重音在後面；德語的話，嬰兒的哭聲重音就會在前頭。因為胎兒是泡在羊水裡面，而空氣的傳音跟水的傳音不一樣的，所以孩子在媽媽肚子裡沒有辦法學英文，不要花冤枉錢去買胎教的東西，用耳機放在肚皮上播放英文錄音帶給胎兒聽是沒有用的，因為子音、p和b這種唇音在羊水裡面是聽不出來它們的差別。

至於味覺，在胚胎的後期胎兒的味覺就形成了，實驗者注入糖水到母親的羊水裡面，胎兒就吞得比較多，因爲孩子都喜歡甜的；如果注入的是檸檬水的話，超音波裡就會看到胎兒跟我們大人一樣，眼睛會瞇起來，會哑哑哑地哑嘴巴。

　　嗅覺是我們提取記憶最強的一道線索，胎兒在媽媽肚子裡也會形成嗅覺，嗅覺跟情緒還有個直接的關係，是五官裡面唯一不用經過中途站、不用經過視丘就直接進入我們情緒中心的。有個實驗是在百貨公司的女裝部噴上玫瑰的香味，結果發現銷售量增加了60%；在男裝部噴灑加了麝香或肉桂的香味，銷售量也增加了一倍。人在聞到香味的時候會不由自主的微笑，在紐約地鐵擁擠的時段，噴香草或巧克力餅乾的味道，推擠、打架等暴力行爲就減少了很多。所以孩子在媽媽的肚子裡，透過母親對嗅覺的反應，就可以感受到母親的情緒。

　　所謂的胎教，其實是「母親的心情」，並不是要教孩子什麼東西，而是當你心情好的時候，身體就不會產生壓力荷爾蒙，這個壓力荷爾蒙會透過胎盤進入羊水中影響到胎兒。所以我們現在知道，胎兒出生的時候並非什麼都不知道，他不是一張白紙，他有很多與生俱來的先備知識，我們只要配合他這個本能，順勢給他更多的發展就好了。

2 大腦奧妙的發育

孩子在媽媽肚子裡的時候，每一分鐘長二十五萬個細胞
因為大腦沒有辦法養這麼多的神經元，所以這些神經細胞會被修剪
而修剪的原則是：凡是有跟別的神經元有連接過的會留起來
沒有連過的，會被修剪掉，所以孩子小時候的經驗是很重要的

有關孩子大腦發育的情形，孩子在媽媽肚子裡的時候，每一分鐘成長二十五萬個細胞，所以等到孩子出生的時候，他已經有10兆（10的十三次方）這麼多的神經細胞，他一輩子是用不了這麼多的，所以孩子出生以後，他的神經細胞會適量的被修剪。因為大腦沒有辦法養這麼多的神經元，每個神經元都要吃要喝，負擔不了的時候，反而會影響整個大腦的運作。就好像農夫照顧果樹，一定要適時的疏果，一個枝上只留一個果，把其他的修剪掉，營養才會完全進到一個果實裡，讓它長得又大又好。

這就是孩子零到三歲時，神經需要修剪的原因。為什麼經驗這麼重要？因為經驗會促使神經連結，連過的就會留下來，沒有連過的就要被修剪掉，所以孩子小時候的經驗是很重要的。

神經纖維外面包一層「髓鞘」，這個髓鞘是個絕緣體，它使電流在經過的時候不會短路，大腦裡怎麼會有電流呢？我們眼睛看到的是光波，耳朵聽到的是聲波，但是進入大腦以後，就會變成電波。大腦是靠電流在傳導訊息的，神經元和神經元之間有一個很小的縫隙就叫做「突觸」，突觸像個把關者，訊息在傳遞時，從一個神經元的軸突到另

一個神經元的樹狀突，要靠神經傳導物質，把電脈衝傳下去，這些神經傳導物質很重要，不足時，會產生很多疾病，例如多巴胺不足時就有巴金森症和過動注意力缺失症（ADHD）、血清張素不足會有憂鬱症等等，但假如我們沒有設定一個關卡，那麼神經元一被啟動就會馬上通往全身，但是如果你設置了關卡，那就可以在關卡的地方攔住了。因此突觸很重要，它可以決定一個訊息要不要傳遞出去，訊息強就可以啟動下一個神經元，訊息弱，下一個神經元就不會被啟動，這個訊息就被抑制了。而神經纖維外面包覆的叫髓鞘，髓鞘是髓磷脂，它是脂肪。脂肪其實對大腦很重要，我們的細胞膜需要脂肪，人類的大腦裡面大概有20%是膽固醇，其中70%是在軸突，就是在神經纖維外面包覆的髓鞘上面，因為髓鞘使電流不會短路，膽固醇對我們的學習力、記憶力都非常重要。

過去很多人都認為膽固醇很不好，有些人吃蛋的時候會把蛋黃丟掉，其實膽固醇是很好、很重要的東西，它是身體裡必要的脂肪，我們用膽固醇去製造細胞膜、雌激素、男性荷爾蒙，還有腎上腺素，當我們曬到太陽的時候，身體會把這些原料轉換成維他命D，但是假如缺乏維他命D的話，也會缺少膽固醇。膽固醇是個大分子，它不能透過「血腦屏障」進入大腦，什麼叫血腦屏障呢？就是大腦裡血管壁中的膠質細胞排列的非常緊密，使大分子東西進不來，因為大腦裡面沒有淋巴系統，它害怕細菌會進去使大腦發炎，所以大腦的血腦屏障管壁

非常非常緊密，以防止大分子進來。膽固醇因為是個大分子，所以它進不了大腦，大腦裡面的膽固醇就只好靠膠質細胞和少數的神經元來製造。就算你不吃任何含有膽固醇食物，大腦還是需要它，缺少膽固醇會影響大腦的健康，容易產生神經細胞方面的疾病，比方說杭丁頓舞蹈症，或是巴金森症、阿茲海默症等等，可見膽固醇對大腦的健康有多麼重要。而膽固醇最好的來源就是蛋黃，所以吃蛋時千萬不要把蛋黃丟掉。

另外，因為人體不能夠儲存蛋白質，一個人一天每一公斤的體重大約需要0.88克的蛋白質，所以最好是分成早、中、晚三次來吃，因為人體一次只能處理30克的蛋白質，多餘的話會轉換成醣然後變成脂肪。這個歷程會耗費我們的營養素，耗費營養素則會製造出「氮」的廢物，要從血液裡面去排除，增加了腎臟的負擔。所以把蛋白質攝取的時間分開來。

蛋黃裡面有膽鹼，這個膽鹼是建構我們說的乙醯膽鹼的元素，這是身體裡面很重要的神經傳導物質。巴西亞馬遜叢林中的土著所使用的吹箭上的毒，就是使乙醯膽鹼阻擋平滑肌的作用，使人不能呼吸窒息而死，我們的平滑肌控制了我們的呼吸和消化器官，以及心臟的肌肉。

語言和邏輯的推理很重要，他們都需要乙醯膽鹼。膽鹼對記憶來講尤其重要。實驗證明母親在懷孕的時候如果多攝取乙醯膽鹼，則有助於強化孩子往後在注意力廣度和空間的能力。

　　懷孕的婦女每天需要425克的膽鹼，一個蛋黃裡面有125mg的膽鹼，我們平常的膽鹼是肝臟來製造，但其實是不夠的；膽鹼是製造乙醯膽鹼最重要的一個東西，我們剛已經講過乙醯膽鹼對於記憶、語言、邏輯的推理很重要。

　　有一個實驗是把25位懷孕第三期的婦女(九個月的孕期可分成三期，一到三個月、四到六個月、七到九個月)分成兩組，一組每一天吃480mg的膽鹼，另外一組吃980mg的膽鹼，等到孩子生下來以後，去測量母親和嬰兒體內壓力荷爾蒙的濃度，結果發現980mg膽鹼的那一組母親體內的壓力荷爾蒙沒有改變，可是他們的嬰兒，身體內的壓力荷爾蒙就少了很多。

　　另外發現，暴力犯罪跟營養有直接的關係；1944年冬天到1945年的春天，歷史上稱為「飢餓的冬天」，德軍封鎖了萊茵河，使萊茵河西岸的阿姆斯特丹、鹿特丹等幾個大城市的人沒有東西吃，他們餓到什麼地步呢?有人甚至把鬱金香的球根都挖出來充飢，鬱金香的球根

是有神經毒的，居民餓到這種地步，所以連這個都吃了。結果十八年之後，1963年這些孩子年滿十八歲要去當兵了，在做身體檢查的時候，發現這批孩子罹患精神疾病的比例高出了很多，尤其是懷孕前面六個月遭遇到食物短缺的孩子，他們反社會行爲的機率是正常人的兩倍，爲什麼是懷孕初期呢？因爲那時期正是孩子大腦成長的階段，所以我們就瞭解，營養對孩子大腦的健康是多麼重要。

3 神經的連結可以改變

我們的大腦會因為每天生活的情境
改變我們神經的連結
因為外界的需求改變裡面神經的分配
所以我們的環境會改變我們的大腦

　　童年的經驗很重要，因為生活經驗可以深入到DNA的層次，改變大腦。在這個單元裡，我想跟各位父母舉幾個非常重要的實驗例子，讓各位知道，我們的大腦的確會因為每天生活的情境與遭遇，改變了內在神經的連結。

　　第一個實驗是：實驗者先把猴子大腦裡，每一根手指頭在運動皮質區的位置找出來，然後把牠無名指和中指的皮膚縫在一起，使牠動的時候同步在動。過了三個月，把縫線拆掉，把猴子送到核磁共振裡去掃描牠的大腦，結果發現在牠的運動皮質區第三、第四個指頭的邊界已經消失了，猴子變成只有四個指頭，而不是五個了。神經學上有個非常重要的定律叫做「海伯定律」：同步發射的神經迴路是同一個東西，所以這兩個手指頭同步發射了三個月，大腦就認為它們是同一個東西，手指在皮質的位置就改變掉了。

　　另外一個實驗更厲害，實驗者把猴子的中指截肢切掉，本來手指頭在動的時候會送訊息到牠的運動皮質區，現在手指頭被切掉了，牠的運動皮質區就無法接受到任何訊息，三個月以後，實驗者再把這隻猴子送去掃描大腦的時候，就發現運動皮質區第三個指頭的地方已經

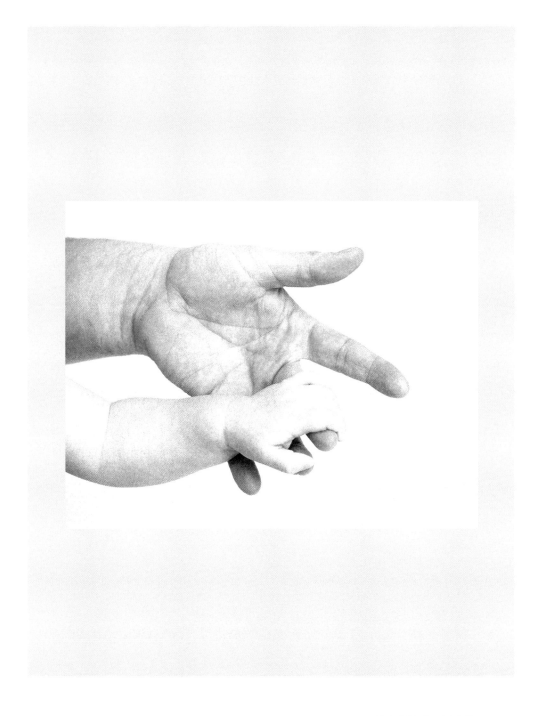

被第二跟第四個指頭瓜分掉了。也就是說，若你沒有在使用，馬上就被別人拿去用了。我們上次講過大腦資源有限，它是不夠用的，當它資源不夠的時候，你不用，別人就馬上拿去用了，大腦是用則進、廢則退，使用它時會變大，不用時就變小。

　　另個實驗是做德國的大學生，實驗者先掃描了受試者大腦的運動皮質區，看他們每一個指頭所佔的皮質區位置大小，然後請他們練習拋接三個球，像我們在雜技團裡看到的那種，要練到一分鐘球不落地才可以停止。通常這要練一陣子的，不是很容易就上手。這時再次掃瞄受試者的大腦，結果發現他們的運動皮質區掌管手指頭的地方就變大了，然後請他們回家休息一個月不要摸這個球，再回來掃瞄他的大腦，就發現掌管手指頭的地方開始變小了，不過還是比以前沒練習拋接球時大一點，也就是說，雖然他們都已經成年了，他們的大腦還是會因為運動而變大、不動而變小，證明了大腦的運動皮質區是一直隨著外界的需求而改變。

　　大腦掌管記憶的地方叫「海馬迴」，它會不會因為我們使用它而變大或變小呢？德國醫學院的學生，在國考之前學校給他們放一個月的溫書假，於是實驗者就設計了三次的掃瞄；第一次在國考之前，第二次在國考的前一天，第三次在國考後一個月。結果發現溫書假的K書使海馬迴變大，休息一個月不念書，海馬迴又變小，但雖然變小，還

是比他本來沒有去準備國考前大一點，跟猴子手指實驗的結果一樣。所以我們看到，大腦運作真的是會因為外界的需求而改變裡面神經的分配，它是用則進、廢則退。例如復健會有效，因為大腦可以改變，如果大腦不能改變，健保局怎麼會出錢讓你去作復健呢？

因為大腦可以改變，萬一孩子有一缺陷，比如說，有腦性麻痺或者出生的時候臍帶纏繞到脖子，父母可在兩個月之內抱孩子去做水療，水有浮力，孩子在水裡運動，比較不會痛也比較不吃力。嬰兒時期的大腦可塑性強，持續的訓練很有效。我們有看到很多成功的例子，甚至有一位還成為運動明星。

在臨床上，甚至有孩子半邊的腦切除，剩下來的另一半重新組織，把失去的功能彌補過來的例子。我在拿到博士學位以後，去加州大學爾灣（Irvine）醫學院的神經科做博士後訓練，我的老闆是神經科主任，很有名的外科醫生，他曾經手術過一個兩歲半的女孩，因被十輪大卡車輾壓過去，必須把她的左腦整個切除。現在這個女孩已經七、八歲進小學了，他很想知道這孩子大腦運作的情況？尤其是她的語言智力程度，因為語言在左腦，而她沒有左腦。在八十年代還沒有核磁共振、沒有正子斷層掃描，我們不太知道大腦內部運作的情形，頂多只能用電腦斷層掃描去看大腦組織的壞損而已，我自己也很好奇，於是就帶著魏氏智力測驗的兒童版，去她的學校去找她。

一開始我並沒有到教室找老師把她叫出來，我是先坐在操場上，想我能不能看出來哪個孩子是只有半個腦的。結果完全不行，每個孩子都一樣的活潑可愛，所以只好把名單交給老師幫忙，老師就帶來一個很可愛的小女孩過來。我替她作智力測驗，發現她的成績跟智力測驗100，表示她的語言能力是正常的。所以我回去就問我的老闆：你確定你有給她動過腦手術嗎？為什麼她只有半個腦，智力測驗成績卻是跟一般人一樣？老闆想一想說：「妳這個測驗不敏感，如果半個腦就可以，上帝不會給妳一個腦。」他說妳應該去重新設計實驗，讓她同時做時間和空間的作業，她因為只有半個腦，她的成績會下降。果然，再次實驗時，她的表現就明顯下降了。

　　後來我們又做到一個小男孩，他是四歲半的時候因為癲癇，把右邊的腦切除掉了。右腦是管理空間和計算的，因為我們是先有空間能力、後來才學計算的，所以小男孩一開始空間能力都沒有問題，但是到了小學四年級時，數學程度比較深，而他只有半個腦，計算的速度比別人慢，於是老師就說：如果你拿到了醫院的證明，學校會出錢去買計算機給你用。

　　人的大腦在嬰兒期最有可塑性，你可以把半邊的腦切除，剩下的一邊會重新組織它自己，把失去的那邊的功能彌補起來。男孩4歲的

時候右邊被切除了，他的空間能力被左腦拿去使用，他可以把語言和空間都處理的一樣好，可是等到他四年級，需要用到更多的空間能力時，他的半個腦的資源就不夠用了。

「三歲看大，七歲看老」是不對的。人類的大腦是永不停息的在學習、在運作、在改變，一直到生命的結束。

4 語言的習得

孩子幼年時聽的歌，長大以後對他會有安撫的作用
撫摸孩子會讓他大腦產生催產素
它會幫助你跟孩子形成情緒上的連結
語言是最重要的溝通工具，孩子一出生就在學語言了

父母親要多跟嬰兒講話，孩子的大腦在十個月以前是努力在學習分辨他環境裡母語的語音，他會把凡是跟母語沒關係的語音排除掉，只留跟他母語有關的資訊。下面這個實驗可以讓各位家長知道，為什麼跟孩子說話是這麼的重要。

嬰兒每天醒來都會聽到很多很多的聲音，但其實是沒有人教他這個叫奶瓶、那個叫桌子，那麼他是怎麼學會這些名詞的？原來嬰兒的大腦很像我們的電腦，他會把進來的語音都儲存起來，然後一邊儲存一邊做分析，我們稱為segmentation，就是在做分辨。本來進來一堆音是連在一起的，他聽了很多次以後，如果每次A和B都連在一起出現，那A跟B就是連結在一起的東西，這個東西可能就叫奶瓶，然後那個D跟A有出現過，那個叫牛奶，那D可能就是牛，所以他是用這個方式來學習，所以與孩子講話變得很重要，你需要給他刺激，給他資料，就像我們現在說的大數據，你需要給他很多的大數據，他才能做分析。

有一個實驗也非常有意思，日語R和L不分，日本人不會講railroad（鐵路），可是日本的嬰兒可以分辨，日本的嬰兒在十個月以前

R和L分辨得非常好，可是十個月以後這個能力慢慢下降，到18個月的時候就消失。十八個月的時候嬰兒要開始講第一句話，叫languageboom（語言爆炸），嬰兒要用到很多很多的資源，而我們前面講過，他大腦的資源不夠，必須回收已經不用的神經元來幫助說第一個字，既然十個月左右他就已經知道自己母語用到哪些音，那麼這個神經迴路就可以回收回來，處理說話了。

1984年我去日本開一個語言學的會，去的時候碰到了颱風，所以飛機delay了，來接我們的是英語系的教授，既然是語言學的教授，他英文應該要講得很好，可是他還是R和L不分。我們飛機降落後他就說：「你們錯過了歡迎晚宴，大概還沒有吃飯，我去買lice cake」，lice是英文的「蝨子」，美國人一聽嚇壞了：「不要，不要，我們不餓！」可是我餓呀，我心裡想說：「蝨子」？你要用多少蝨子才能做個蛋糕呢？我想了半天，應該是「rice cake」才對，那rice cake是不是壽司呢？我就問他說：「是不是壽司的那個rice？」，他說：「yes」，我就說：「我要！」那外國人好驚訝，想說你們中國人真是什麼都吃呀，因為他們想起來中國餐館有一道菜叫螞蟻上樹（其實它是碎肉煮粉絲）。

那天我覺得很驚訝，英文系的教授、語言學的老師，為什麼R和L還是不分呢？後來才知道，人不可能去分辨一個你聽不見的音，假

如我們聽不出來，我們就講不出來。所以父母一定要讓孩子在小時候聽到他母語的音，母語的學習是只要把他暴露在這個環境裡面即可，不必刻意去教他，因為孩子最原始的學習就是模仿。他只要聽到就會去模仿，他會把聽到的音在腦子裡轉來轉去，想著該怎樣發音才能夠跟耳朵聽到的音是一樣的。

所以在八個月大的時候，所有的嬰兒都會牙牙學語，包括聾生在內，聾生雖然聽不見，但他語言的本能使他在八個月大的時候就會自動想要去講話，但是因為沒有回饋，慢慢的他就放棄了。學語言一定要在這個語言的環境裡，若每天聽到的都是這個語言，他很快就會說了，但是學了而沒有用，很快也就忘掉了。

曾經有個英國人去印度做生意，他的孩子在印度出生，大約兩歲的時候回到英國。孩子在2歲以前可以分辨印度北面那個很難發音的喉音。這個音除了印度語言有之外，其他語言是沒有的。（印度有非常多的種族，各有他們自己的語言，他們的方言跟我們中國方言一樣的多。）當這個孩子長到二十四歲的時候，牛津大學想知道一個小時候會分辨的語音，雖然現在已經不會講了，在做這個音跟別的音的對比（contrast）時，他還能不能做？結果發現做得不好，但還是比完全沒有聽過的人好一點，表示大腦是凡走過必留下痕跡。

又比如一歲以前離開中國被加拿大家庭收養的孩子，聽到中國四聲（媽、麻、馬、罵）的時候，他還是在左腦處理，而外國人對我們的四聲是在右腦處理，外國人把四聲當做物理音，而我們把它當做語音，所以我們在左腦處理四聲，外國人在右腦處理四聲。但是你叫他講，他已經不會了，因為他腦海裡還是有這個痕跡，他做這個語音對立的時候還是比別人好。四歲半到五歲時，我們管記憶的海馬迴逐漸成熟了，我們的記憶就從內隱的學習慢慢轉到了外顯的學習，就是我們用專注力才可以學會，而內隱的學習是不用特別處理，只要眼睛看就自然會，因為那是一種模仿，這兩個機制是不一樣的，在大腦儲存的地方也不一樣。

　　一般我們在實驗上看到的是，只要在青春期之前，大腦的可塑性還很強的時候，讓他學各種語言都沒有問題，我們的第二語言是架構在第一語言的上面，我們的母語講的越好，我們的語言敏感度越強，學第二語言就越好。也就是說你一定要讓孩子有一個語言講得非常好，後面再去學別的語言就都沒有問題了。孩子其實可以學很多語言，比如說瑞士的法定語言有三種，法文、義大利文和德文，有一位法國爸爸娶了德國太太住在瑞士，所以他的小孩是三種語言都會，我們就很好奇，雖然德、法兩種語言都是孩子的母語，但有沒有差別呢？所以請他躺在核磁共振裡，給他聽法文和德文，因為孩子跟媽媽比較親近，就發現他的德文比他的法文還是好一點，而這兩個語言又比他的義大利文好。這個好是指這種語言對大腦的血流量，越精純的

工作需要的血流量（氧和養分）就越少。

　　美國有一個很有趣的例子，說明大腦在母語的學習上，有自動尋找規則和歸納的能力。一個孩子小時候在家裡聽到父母親講「I went to the park」（我們昨天去了公園），他就學會用go，went，gone。但他進了幼兒園以後，發現很多規則性的動詞過去式是加ed的，雖然他本來已經會正確的用go，went，gone，大腦這個自動歸納的能力，使他把對的改成錯的就說「I goed to the park」，他本來已經會了，結果反而把它改成錯的了。

　　在孩子語言學習的階段非常需要大人不斷的跟他說話，提供他語音分辨的大數據，在童年，孩子需要的是父母的陪伴，因為模仿這個最基本的學習機制，一出生就已經在運作了，孩子哭，除了生理的需求還有心理的需求，實驗發現孩子幼年時候聽的歌，長大以後，對他會有安撫的作用，緊張時，聽到他小時候的兒歌，尤其母親哼的兒歌，他的心跳和血壓都會降下來，而撫摸孩子會讓他大腦產生親子聯結的催產素，使他愉悅。

　　語言是最重要的溝通工具，母親溫柔的聲音是孩子成長期最大的情緒支柱。多多和孩子說話吧！不要以為他聽不懂而不說，你的每一句話都影響著他語言的習得！

5 | 孩子語言發展遲緩怎麼辦

語言是溝通的工具，又是登錄記憶最好的方法
語言不行記憶就不好，學習也就會落後了

　　父母應該怎麼樣幫助幼兒發展他的語言能力？自從聯合國經濟合作發展組織（OECD），公佈了二十一世紀必備的十大能力之後，所有父母親都很緊張，因為列出來的第一項就是使用母語的能力，第二項是使用外語的能力。語言是溝通的工具，又是登錄記憶最好的方法，語言是學習的根本，語言也是記憶登錄最重要的碼，沒有語言的記憶就保留不久，語言不行記憶就不好，學習也就會落後了。本來孩子學語言是個內隱的學習，只要聽到這個語言，不需要教就會。現在父母擔心的主要是孩子的學習發展速度慢，看到別人孩子已經會說話了，而我家孩子還不會。

　　說話慢有基因上的關係，帶孩子去看醫生之前，先想想家裡有沒有人是晚說話的。這種例子很多，王陽明五歲才會說話，愛因斯坦直到3歲才會叫媽媽。說話和大腦裡的語言中心和運動皮質區的成熟有關，孩子的舌頭要轉動得快，聲帶、嘴巴要能控制後才會說話。孩子講話是從容易發的音慢慢進步到難發的音，比如他不會講「公公」，只能先講「東東」，因為「公」用喉音較難發，「東」比較好發。發音有先天的限制，這一點請父母先不要過度緊張。

如果孩子的IQ沒有問題，又聽得懂，只是不會講話，那麼只要盡量跟他說話，或唸書給他聽，讓他在腦海中模仿你的音，耐心的等待他大腦成熟。

　　我舉一個大雞慢啼的例子，加州有個女孩叫Jessica，1983年生，她到兩歲半都還不會叫媽媽，她的媽媽很緊張，帶來我們實驗室做各種測驗，結果發現她的IQ完全正常，而且比別的孩子還更精靈。是怎麼知道的呢？我們觀察孩子在各種情境中解決問題的能力，這也就是智力的定義：在新環境中解決問題的能力。

　　我們去她家觀察她平常生活的情形，她母親請保姆來家裡照顧她。每天只要保姆來了，媽媽就出去上班，其實所有的孩子都不希望媽媽離開身邊，一離開就哭。一般母親常會騙說：妳看妳看！那邊有個大蝴蝶，孩子就會順的媽媽的手去看蝴蝶在哪裡？這個時候媽媽就趁機溜走。其實這是很不好的做法，因為孩子受騙了，下次她就學會了要抓著媽媽不放手。這一招對Jessica無效，她不會上當，她的眼睛只看媽媽，不看蝴蝶，我當時就覺得這孩子很精明，一點都不像智力有缺陷的孩子。

　　1980年代還沒有手機，也沒有無線電話，電話是有線的，這位媽媽平日不要孩子吃甜的，但孩子喜歡吃，Jessica會利用媽媽講電

話的時候自己拿糖吃，她會很注意聽媽媽接電話的口氣，如果媽媽說「啊！好久不見」表示要聊天了，她立刻就搬高椅子爬上櫃子，拿巧克力糖下來，坐在媽媽電話線拉攏不著的地方，慢條斯理的吃，邊吃著巧克力糖眼睛還一邊盯著媽媽，當媽媽說「好了，不能再聊了」，表示要結束談話時，她立刻爬下來，抱媽媽的大腿，和媽媽親熱。我們說伸手不打笑臉人，媽媽也只好算了。

這個孩子雖不會說話，但非常精靈，IQ絕對沒有問題，我們只好勸媽媽每天唸半個小時的書給她聽，增加她大腦語音的刺激。這個情形一直到Jessica四歲半上幼兒園。有一天，一個男生搶走她的玩具，她一把推開男孩，說出：「Leave me alone！」，是完整的一個句子，從那以後她就會講話了，而且講得很好，出口成章，幾乎要跟王陽明一樣。王陽明開口講話的時候也是整個句子，把他以前聽到父母親所唸的，私塾所教的都說出來了。

Jessica在七歲進小學時，一年級的她因為從小聽母親唸書，她的語文能力很好，閱讀能力接近三年級的程度，所以上語文課的時候，她就到三年級的班級去上，其他時間則回到原來的班上。孩子的情緒要跟同儕一起發展才會正常，Jessica三年級的時候，她的閱讀能力已經到了六年級程度，她母親放心的又懷上孕，生了一個兒子叫Nathan，想不到Nathan跟他姐姐一樣，也是不會講話，而且還更

慢，到進了小學才會說話。這位母親就想著，怎麼兩個小孩都這麼晚才講話，會不會是有基因上的關係呢？2000年時我們的基因體解碼了，他母親便去抽血檢驗，結果一切正常。她就叫先生去檢驗，她先生不肯，逼急了才說：「我們家五個男孩都是到唸小學以後才會說話」，這位母親氣壞了問：我當初帶著Jessica到處求醫的時候你怎麼不早說？他說：有啊！我不是告訴你沒有關係嗎？（這裡沒有關係是有兩種不同的解釋與原因）所以說大雞慢啼是有點基因上的關係，時間到了，水到渠成，小孩自然就會講話了。

父母要盡量跟孩子說話，哈佛大學有一個「家庭對孩子語言能力影響」的長期性研究，實驗者把錄音機放在孩子的家裡，把孩子醒來後所有講的話都錄下來，然後拿回實驗室，逐字登記，這個實驗從孩子3歲一直持續到孩子十六歲。

實驗包括了白人67%，黑人21%，墨西哥人5%，結果發現不管種族、家庭狀況，影響最大的是父母花在孩子身上的時間和在餐桌上所講的話。父親在家吃飯的時候，他會談工作上發生的事、見到的人，所用的詞彙比繪本童話多，而且文法也會比較複雜，父母親跟孩子一起吃飯，不但可以了解孩子的學習，也順便教育了孩子生活上的禮儀。

2003年，美國哥倫比亞大學的一個研究也發現，一個禮拜有三次以上跟父母親一起吃飯的孩子，學習成績比較好。拿A的比例就比其他的同學高兩倍，不當的行為少了二分之一，和父母一起用餐，孩子學到較多的詞彙，就比較能表達他的意思，在學校的表現也就會比別人好，增加了他的自信心。這個正向回饋使孩子比較不會因缺乏自信而交到不好的朋友。台灣曾有一個活動叫「爸爸回家吃晚飯」，就是希望父母親在外面應酬少一點，回家陪孩子的時間多一點。

　　有大人常常陪在身邊的孩子情緒會比較穩定，安全感是孩子在成年之前最重要的一個心理依賴，一個情緒穩定的孩子，容易交到朋友，而有朋友的孩子，比較快樂。快樂的孩子，功課好、有朋友幫助的孩子事業比較成功，環環相扣。一個有朋友的孩子也比較不容易被人家霸凌，如果你想幫助孩子成功，不要在放學後又送他去補習班、安親班，把他帶回家跟家人一起吃飯，這是最有效的方法。

6 大腦學習的迷思

脑大不等於聰明，聰明才智決定於神經連結的密度和方式
連結的方式是我們的基因決定的
連接的密度是我們後天經驗決定的
所以孩子只要生出來是正常的，好好教育他，就一定會成才

　　我時常看到一些不對的、會傷害孩子的錯誤觀念。其中一個例子就是當孩子受挫折不高興的時候，讓孩子用喊的、用打的或者是砸東西的方式去發洩怒氣，這是不對的。

　　這種發洩方式不但沒有消氣，反而加深了怒氣，因為我們的大腦有12條顱內神經，其中最長的一條叫做「迷走神經」，它連結我們的五臟六腑，負責大腦的指令傳送，同時也會把五臟六腑的反應傳回大腦，是個雙向的溝通。如果我們用力的捶打、甩東西、喊叫，前腦皮質就會不斷地接受到肌肉緊張傳回來的訊息，它就會不斷地傳送負面情緒到杏仁核，感受情況危險、緊急。當敵人快攻進城，人在大聲喊叫的時候，眼球會突出、面孔通紅、血脈賁張，杏仁核負面的情緒中心就大大的活躍起來，動員所有的緊急反應措施，準備開打。血壓就會上升、心跳加快，努力把血液送到四肢，準備逃命，肺部就用力的呼吸，讓更多氧氣可以進來，大腦會把食慾和性慾全部都停掉，把資源全部送到前腦和肌肉，以備決策和逃命。（所以人在緊張的時候肚子不會餓，也不可能有性慾）

　　一切負面的情緒反應會一直不斷的加強我們負面的認知，這個負

面的認知反應又回頭加強負面的情緒，惡性循環的結果，人就越來越生氣，下手越來越重，所謂「殺紅了眼」就是這個樣子。所以在《紅樓夢》裡賈政打賈寶玉，板子越下越急，下手越來越重，把賈寶玉打到不能動了。

我們知道這個生理原因後，在生氣時要提醒自己，不要落入這種惡性循環。同時，用暴力方式去解決憤怒是很不理智的，就像喝酒消愁一樣，酒是depressant是抑制的作用，古人才會說「藉酒消愁愁更愁」，酒喝完了而愁仍在，這絕非解決之道。

孩子若從小一不如意就大聲喊叫，養成了習慣，長大後別人會說這個人沒有家教、沒有涵養，他就不容易交到朋友。尤其大叫對周邊人的耳朵也是傷害，因為耳朵關不掉，連續的噪音也會引起旁邊人的血壓上升、心跳加快，連帶使那個人也煩燥起來。更糟的是聲帶的傷害，會使得他以後說話聲音難聽。如果幼兒園的孩子現在的聲音就已經變沙啞，對他以後的人際關係和事業都有影響，這會使他給人的第一個感覺就是魯莽、不細緻溫柔。所以孩子從小就把聲帶給弄壞了是很可惜的事情。總之，嘶吼、捶打，使心跳加快，血壓上升，不但沒有宣洩到情緒，反而使情緒更壞，同時還會有引發心臟病的危險，是完全不足取的排解情緒方式。

另一個迷思是，叫孩子用左手寫字、用左手做事，理由是人家只會右手，我的孩子兩隻手都會用，強人一招。這是錯誤的觀念，因為大腦的資源是有限的，如果右手做事很順利，那麼用右手時動用的大腦資源便少一點，省下的資源就可以拿去注意其他重要的訊息。但如果要用生疏的左手做事，就需要動用較多的大腦資源，不但事倍功半，還會引起挫折感。當一件事情可以一個人做的時候，為什麼要兩個人去做呢？這對大腦來講是非常不經濟的，所以左右開弓不但不符合演化的規則，對孩子而言完全沒有必要。

　　我們可以用自閉症孩子的例子來說明大腦資源的不足；自閉症的孩子通常只專注在某一個長處上，比如電影「雨人」，火柴盒一打翻，他馬上知道有一百零八根；有些自閉症的孩子喜歡汽車，看一眼馬上知道牌子、年份。但是他們進了小學以後，因為被逼著去學習讀書、寫字、跟別人交往，他大腦的資源不能再像以前一樣專注在某個方面，他原先很強的部分就變弱了。曾經有個小女孩，八歲以前畫的圖畫是得獎的，進了小學以後，因為她還得去學習其它東西，繪畫的能力就變弱了，所以善用大腦資源，我們要讓孩子用他最節省資源的方式去做事。

　　另外，沒有右腦開發這回事，我們的兩個腦半球是一致對外的，兩個腦半球中間有個胼胝體，是百萬以上的纖維素連接兩個腦半球，

大腦是電流在傳遞訊息，當訊息進入右腦後，除非把連接兩個半球的橋樑，即胼胝體剪斷，不然不可能阻止電流通到左腦，也就是說，只要是正常的腦，就不可能啟動一邊而另一邊不動。這是不可能的事情，除非把中間的橋剪斷。

社會上曾經流行過所謂右腦開發，這是因為日本人不了解Roger Sperry的實驗，就想當然爾去演繹出這個謬論。其實大腦完全不是日本人想像那樣，尤其Sperry的病人有癲癇，因為情況嚴重，發作次數太頻繁危及性命，才會動這個手術，把中間的橋剪斷，使電流通不過來，保持另一邊皮質不連帶抽搐。從這個「電流通不過來」就知道，使一邊腦半球活化、而另一邊不活化是無稽之談，根本不可能的。這也是「知識就是力量」最好的見證，父母親若是明瞭大腦的結構與功能，就絕對不會上這個當，現在已有很多的神經學家指出這是不對的，但台灣仍有補習班還在鼓吹。

還有一種就是叫孩子蓋左眼啟發右腦、蓋右眼啟發左腦，這個說法不可行的原因跟上面一樣，因為大腦中視神經的走向不是這個樣子的，我們不是右眼到左腦，我們是右視野到左腦，右視野是兩個眼睛的左邊，左視野是兩邊眼睛的右邊，所以蓋右眼啟發左腦也是沒有用的。

綜合上面兩種迷思都源於父母認爲孩子聰明就會成功，所以想盡方法來發展孩子的大腦，忘記了成功除了天賦的能力，很大一部分來自後天的努力，甚至後天比先天更重要。鍥而不捨是所有成功的基石，曾國藩幼時開竅晚，讀書很辛苦，但他持續努力，最後做到封疆大臣。

　　至於腦大等於聰明，更是不對，一個孩子聰不聰明是由先天和後天的交互作用。我們有一單元是專門談聰明才智的，裡面談到了神經的連結和神經元的多寡有直接的關係。目前知道頭最大的人是俄國的作家屠格涅夫，他的腦是2012克，上個世紀最聰明的人是愛因斯坦，他的腦只有1230克，屠格涅夫比愛因斯坦整整大了782克。

　　一般人的腦是1350克，愛因斯坦的腦比我們正常人小，他的腦在過世了以後，經過很詳細的解剖，發現他的顳葉比一般人大，而且他的膠質細胞比我們多。這個報告出來之後，就打破了腦大等於聰明的錯誤觀念。還有一個更好的例子就是1921年諾貝爾文學獎的得主─法國的Anatole France，他的腦只有1017克，幾乎只有屠格涅夫的一半，但是屠格涅夫沒有拿諾貝爾獎，而他拿到了。所以腦大眞的不等於聰明，聰明才智是神經連結的密度和連接的方式，連結的方式是基因決定的，密度則是後天的經驗累積成，所以孩子只要生出來是正常的，好好的教育他，一定就會成才。

7 童年經驗的重要性

小時候的經驗其實是會影響他長大後的焦慮、憂鬱、緊張
要嬰兒大腦正常的發育其實很簡單
只要愛與陪伴
給他一個安全溫暖的童年就可以了

很多家長認為孩子小，不懂事，又沒有記憶，常將他24小時托嬰，只管他吃喝拉撒，卻忽略了精神上的需求。現在實驗發現孩子其實有記憶，只不過他自己不知道，說不出來。因為這種記憶是一個內隱性質，有點像潛意識，它存在，但你不知道它的存在。但是這記憶會在他大腦中留下痕跡，影響他後來的人生。

我們曾在記憶那堂課中提到，大腦是凡走過必留下痕跡，也舉了二個實驗，一個是看風景明信片，另一個是一歲前離開大陸被加拿大家庭收養的孩子。也就是說童年的記憶是跟著孩子一生的，至於童年經驗會影響大腦的發育和功能，是近年來實驗的偶然發現。

加拿大的著名神經學家Michael Meany，在做老鼠實驗時發現，電擊老鼠時，每隻老鼠的反應很不同，有的會因緊張而僵住不動、有些老鼠比較無所謂。他發現緊張型的老鼠血液中的壓力荷爾蒙，即醣皮質素，在鈴聲響、預警電擊要來時會急速的上升，比不緊張的老鼠高很多。醣皮質素會影響大腦發育及免疫系統，所以他就想：都是在同一個實驗室養大的老鼠，為什麼會有這麼不同的反應呢？仔細去觀察，才發現這些不緊張的老鼠有個好的媽媽，小的時候

母鼠會常常舔牠們、照顧牠們；那些很緊張、很焦慮的老鼠，是生下來後母鼠不去管牠們，沒有去舔牠。

Michael Meany發現，原來母鼠去舔小鼠的時候，這個舔的動作會使牠的大腦產生「催產素」或者叫「激乳素」，這會使老鼠母子產生親子連結。連結得好，小鼠以後就會跟媽媽很親近，個性溫和，因為有媽媽在，天塌下來有媽媽頂著，在發育大腦期間，演化就把牠的壓力荷爾蒙受體基因先關掉，好去正常的發展牠的大腦。

我們前面曾說過，壓力荷爾蒙對大腦的發育有害，這個發育的關鍵期大約是十天。實驗發現，十天之內的小鼠給牠電擊，只要鼠媽媽在，牠的壓力荷爾蒙基因就不會展現，因此牠並不感到緊張。但如果鼠媽媽不在，一切災難要自己承擔，小鼠的大腦就馬上啟動這個基因，趕快製造出壓力荷爾蒙受體，因為靠山倒了，大事不好了。若是電擊十天之後的老鼠，則不管媽媽在不在，牠的大腦都一定會產生壓力荷爾蒙。

這個實驗可怕的方式在於，當把母鼠拿走以後，小鼠雖然一樣長大，這個小鼠就會是一個不好的媽媽，往後牠也不會去舔她的小鼠，這個小鼠長大以後也是個不好的媽媽，也不會去照顧牠的小鼠，就變成禍延三代。

那麼，這表示沒有母親的小鼠這一輩子就完了嗎？不會，實驗者用毛筆輕輕的去刷小鼠的身體的時候，小鼠的大腦也會產生催產素，也使這個小鼠產生比較多壓力荷爾蒙的受體。這個受體是在海馬迴的地方，海馬迴是我們掌管記憶非常重要的地方。當牠的受體比較多，那麼緊張的時候，壓力荷爾蒙一出來，只要一點點，這個受體就馬上接收到了，然後這個訊息馬上就傳到前腦去，告訴他說敵人來了，趕快準備，要戰還是要逃。所以這個受體的多寡對孩子的健康就非常重要。這是很重要的一個發現，告訴我們，孩子小時候最需要的是安全感，而不是物質上的享受。

　　另一個實驗是，老鼠喜歡黑暗，不喜歡光亮。燈一打亮，老鼠會拼命往暗處逃跑。這個實驗是在小鼠在長大的時候，放音樂給牠聽，陪伴牠成長。至於播放什麼音樂不重要，因為我們其實不知道老鼠喜歡什麼音樂，所以放的是助理喜歡聽的音樂，這使助理在餵老鼠時順便愉悅了自己。等到三個月老鼠長大成熟以後，把牠放在實驗室中央，用強光去照牠，燈光一打開，老鼠就會往暗處逃命。這時，有一個角落播放的是牠小時候聽過的音樂，另個角落是沒有聲音的，老鼠會往那個有音樂的角落裡跑，因為牠熟悉這個音樂，熟悉帶給牠假的安全感，我們會喜歡熟悉的東西。有人質疑：會不會是音樂的關係而不是熟悉度呢？

針對這個疑問，於是再做了一次實驗；兩個角落都播放音樂，但是一邊是牠小時候聽過的音樂，另一邊則不是，結果老鼠會往牠聽過的地方跑，這是因為熟悉的音樂帶給了牠安全感。

　　人在焦慮挫折時，聞到童年媽媽烤蛋糕或餅乾的味道會放鬆、心情愉悅，那是小時候的愉快回憶；很多人聞到香草或巧克力的味道會微笑，因為這勾起他童年的美好回憶。我們在第一單元談嗅覺時，就說到在紐約地鐵放巧克力味道，就減少了暴力的發生。

　　因此母親在懷孕的時候喜歡聽的音樂，孩子長大對這音樂就會有好感。但這不是鼓勵大家去做語音的教學，因為孩子在羊水裡面其實是聽不清楚的，空氣的傳音跟水的傳音不一樣，但是韻律和節奏則是可以被接收的。

　　實驗結果知道老鼠是如此，那麼人呢？有個實驗是以十九歲的大學生為對象。在給受試者輕電擊，當電擊出來時，他的耳機中播放著他小時候聽過的音樂，那麼怎麼知道他們小時候喜歡聽什麼音樂呢？實驗者就倒回去算，他們小時候大概是玩Super Mario（超級瑪莉）的時代，很多受試者只要聽到Super Mario的音樂，他就會開心的笑起來，因為這是來自童年愉快的回憶。本來鈴聲響了，電擊要來時他

應該感到緊張，可是因為聽到小時候熟悉的音樂，他的膚電反應（出冷汗的現象）就沒有這麼嚴重。可見小時候的經驗，其實是相當程度影到他長大後的焦慮、憂鬱、緊張等等情緒反應。

　　要嬰兒大腦正常的發育其實很簡單，只要愛與陪伴，給他一個安全溫暖的童年就可以了。

8 | 養成生活好習慣

能夠讓孩子自己做的事情盡量自己做
孔子說「愛之能不勞乎」
就是因為你愛他,所以你才要讓他去做
好習慣的養成是終身受用不盡的

　　如何養成孩子良好的生活習慣呢?在大腦發展的研究領域裡,有一篇論文談到孩子一出生的兩種能力,要把握機會把他訓練好,這兩個能力就是習慣和情緒控制。

　　關於情緒我們前面談過了,現在我們來談一下習慣。習慣為什麼重要,那是因為我們大腦的資源不夠,不可能去注意所有的東西,但是一個自動化的歷程是不需要花大腦資源的,大腦可以把資源留下來去處理別的事情,這個自動化就是我們所謂的習慣。不知各位家長有沒有這樣的經驗,早上起來急急忙忙要去上班,走在路上想:火關了沒有?煤氣關了沒有?門鎖了沒有?其實都做過了,只是你不記得,因為它已經習慣化了,沒有用到大腦的資源,沒有留下記憶痕跡,你就不記得了。

　　我們的大腦只有3磅,約占體重的2%,但是它卻會用掉我們身體20%的能源,幾乎是10倍的能源,所以把某些行為變成習慣化,就可以節省出資源,用來處理其他重要的東西。

　　實驗顯示,第一次給學生看一張圖的時候,他大腦中跟這個圖有

關所有的神經細胞都活化起來了，因為第一次看到，不知道這張圖是什麼，所以所有的神經細胞都必須活化，一起來幫忙解讀這張圖。但是第二次再看這張圖時，大腦活化的細胞就少了很多，第一次做得好的神經細胞大量活化，它活化起來時，同時送出抑制的指令給別的細胞。大腦會分工合作，當人手不夠的時候，派最好的人去做他最擅長的事，就可以事半功倍，當每個人都做他最擅長的事時，事情就會做得又快又好。

所以孩子大約六個月會坐了以後，就可以開始教他一些生活上的規矩。教的方式很重要，教的好，孩子很願意去做，教不好時，他會把它當作義務，是不得不做的事，就做的不甘不願了。比如說，媽媽幫孩子收拾玩具時，故意問：「這個小車車是放在這裡的嗎？」孩子馬上會搖頭，因為他知道不是。媽媽再問：「那是放哪裡呢？」孩子就把它搶過來放這裡，媽媽要很高興說：「寶寶好厲害，這麼小就知道車車放在哪裡，來，這一堆玩具寶寶把它放回去，看看寶寶會不會放。」這樣子一講他好高興，一方面你稱讚了他，另一方面，他顯現出自己長大了，有這個能力了。幾次以後，你會發現孩子很樂意表現，只要你一說：「這東西是放在哪裡呢？」他就馬上搶過來幫你去做了。

有一次我去朋友家，有個文件要請她蓋章，她有個兩歲半的寶寶，她跟寶寶說：「來，去二樓把媽媽的紅皮包拿下來」，我好驚訝，這麼小的孩子怎麼知道什麼叫紅皮包呢？她說：「老師，你忘記了嗎？小孩子第一個學會的就是顏色的分類，第二個學會的是形狀的

分類，第三個是功能的分類，我雖然皮包很多，但她知道什麼是紅色。」果然，孩子正確的把紅色皮包交給她，她蓋了圖章以後說：「寶寶，幫媽媽再把這個皮包放回去原來的地方，妳好能幹。」孩子就馬上又爬上樓去了。她家樓梯很陡，我就問她：「孩子他這麼小，幫妳做這件事情，難道不怕他爬樓梯摔下來嗎？」她說：「妳不要低估孩子的能力，她爬上去的時候是正面往上爬的，但是爬下來的時候，她是坐著，屁股一層一層滑下來的，所以她不會摔。」果然我看到孩子一層一層的滑下來。朋友說用稱讚的方式，只要東西有固定的位置、孩子也拿得到，她就會幫你做事了。不要擔心孩子爬高，因為她爬得上的地方，基本上是到她腰部，太高的地方是上不去的。只到她腰的高度，就算摔下來也不會很嚴重，尤其一般有學步孩子的人家，家裡多半會舖些地毯作保護。這位朋友真的很有觀察力。

有些孩子會有插嘴的壞習慣，常令父母生氣，其實他們不是講不聽，而是他那時候的記憶力還很短暫，他怕忘記，急著把心裡的話講給你聽，所以就一直插嘴了。當然也有要引起父母注意的意思，兩個大人只顧自己說話，把他晾在一邊，他被冷落了便會要打斷你的話，提醒你，他也想加入。

這時候你可以跟朋友說：「對不起，我先聽聽孩子要講什麼？」先蹲下來，知道孩子要講什麼後，就跟他說：「好，我知道了，等媽媽講完電話，我就來處理你的事情。」必須要讓孩子知道大人不是圍著他轉，我也有重要的事情，我知道你的需求後，等一下有空了，馬上

來處理。教孩子學習等待很重要，因為人生不可能事事都如意，很多時候我們必須要等待。

　　有時候，孩子其實沒事，他只是說：「媽媽，媽媽，我要上廁所」，這時候妳只要講一句：「趕快去上！」就可以打發掉他了。妳或許很奇怪，上廁所為什麼要跟媽媽講呢？我們發現幾乎所有的小朋友都有這個階段，因為上廁所對他來講是個大事，為了表達給媽媽「我已經可以自己上廁所了，我一定要讓你知道，我可以了。」所以你只要對他讚許，點點頭或拍拍他頭，對他比個大姆指就解決了。因此我們不需要像坊間某些教養的書寫的：「要建立規矩，你把話講完才理他。」而是我們先了解他需要什麼東西，然後講完大人的事，我們再來處理他。也就是你尊重孩子，他也會尊重你，我們發現孩子其實是可以等的，人生就如大仲馬在《基督山恩仇記》所說：「人生是等待與希望，人生常常需要等待。」古訓也是這樣說：「事緩則圓」。

　　另外要養成的一個習慣，就是說話的時候眼睛要直視對方。這一點如果沒有從小訓練其實是不容易的，因為我們看到比我們大的人或比我們地位高的人時，會習慣性低頭。但如果你從小訓練孩子跟人講話眼睛直視對方，他的態度自然變得大方而且自信。因為眼睛會使對方的氣焰下降，你會發現對方並沒有像你想像的這麼厲害，你就可以大膽的把心裡的話講出來，而不必逆來順受。小學生常常會被同學霸

凌，如果你養成孩子眼睛直視對方這個習慣，很多時候可以避免不必要的霸凌。

從小養成刷牙的好習慣也很重要，因為人到老時，沒有一副好牙就不能快樂享受餘生，更不要說對他的健康很重要。養成一吃東西就刷牙的好習慣，終身不會蛀牙。

還有，孩子無論多小，衣服脫下來丟進洗衣籃的時候，請你教他把口袋翻出來，避免有衛生紙、鈔票以及一些洗壞了會後悔的東西，這也是足以讓他終身受用的好習慣。

最後，訓練孩子善用他的手做事。我們說這個人十指尖尖，這個「十指尖尖」可不是一句好話，因為人的手本來就是要做事的。雙手要萬能，當孩子還小的時候，只要他的手能夠握住湯匙，就請你讓他自己吃飯。我有時看到五歲的孩子還在餵飯，那就太過份了，孩子自己吃，可以訓練他的肌肉控制和眼手協調，即「動感」（Kinethetics），讓他學習自己吃，掉落滿地也沒有關係，在地上舖一張塑膠布，吃完包起來丟掉就解決了，但是他學到的肌肉的控制，那真的是叫金不換了。所以讓孩子自己能做的事情盡量自己做。如同孔子所說：「愛之能不勞乎」，就是因為你愛他，所以你才要讓他去做，好習慣的養成肯定是終身受用不盡的。

9 沒有驚訝就沒有學習
培養注意力

訊息進入大腦，第一個把關的就是注意力
通常有興趣的、有意義的，比較容易進入我們的工作記憶

我們小時候常會被老師或父母罵上課不專心、做事不專注，這個專心或專注力為什麼這麼難保持？我們發現，小孩子對於所有會動的東西都非常非常的注意，這是動物在演化過程中保命的一個本能。因為在演化上，當一個會動的、快速對你跑過來的東西，極有可能會危害到你的性命。就像處在食物鏈下端的動物如兔子，牠在吃東西的時候會一邊吃，一邊豎起耳朵來警戒偵察，任何風吹草動，牠就要準備逃命，所以一心二用對食物鏈下端的動物來講是必要的。

人類現在已經進步到文明世界了，但是遠古留下來的一些習性仍然存在；比如眼睛常常東張西望，一方面尋找食物或資源，一方面要保持警戒，經由眼睛去追隨聲音來源的能力是嬰兒一生下就有的。嬰兒一出生時，醫生會檢查孩子的眼睛有沒有毛病，就是把一個手指頭豎起來，然後在孩子的面前這樣子移過來、移過去，看孩子的眼睛會不會跟著轉。這就是動物的本能，我們是動物，也一定會有的，只是現在的社會不再要求我們眼觀四面、耳聽八方。

孩子小的時候注意力很短，有一句話叫做「out of the sight, out of the mind」，就是他眼睛不看到就會忘掉，所以當孩子在哭的時

候，你可以用別的事情去吸引他的注意力，他就忘掉剛剛在哭什麼了，這就是因爲他注意力一被移轉，新的訊息就進入了他的大腦。因爲大腦還沒有發育完成，工作記憶還很短，一去處理新進來的訊息，就忘記剛剛在哭什麼了。

小學一年級的孩子注意力只有10分鐘，但是注意力可以慢慢培養變長。小學在學校上課每一堂是40分鐘，就有學生坐不住，東張西望、動來動去，因此被老師說上課不專注。曾有人說過動兒是生錯了時代、生錯了地點，如果他們在原始社會中，應該會是個適應得很好的孩子。其實孩子不停的動也有一個原因，我們的視覺是只有中央小窩的地方才會看得清楚，其他周邊視野是模糊的，所以他頭一定要轉，使那個物體落到他的中央小窩上，他才看得清楚，必須要看清楚才能學習新的東西。

語言的學習是經由眼睛看到的東西與耳朵聽到的聲音配對起來，才知道看到的那個物體叫什麼名字，其實孩子可以非常專注的注意新奇的東西，所以孩子注意力的問題來自我們要他坐在椅子上不要動，但這不符合演化的天性，所以孩子注意力才會成爲問題。幸好注意力是可以靠訓練來延長，下面我們來談談注意力跟學習的關係，並教家長如何延長孩子對於書本的注意力。

我們平常在生活裡面有很多很多的訊息，眼睛看到的、耳朵聽到的、風吹到皮膚上、身體感受到的，有很多的訊息都急著要擠進我們的大腦。但是大腦的工作空間是很有限的，因此只有被我們所注意、有興趣的東西才會進入大腦。訊息一進入大腦，第一個把關的就是注意力，通常有興趣的、有意義的，以及熟悉的東西臨界點比較低，比較容易經過注意力的關卡，進入我們的工作記憶。所以你想要吸收更多的訊息進時，就要多看多讀，因為熟悉的東西容易進入腦部。

　　另外，會動的東西會吸引我們的注意力，所以孩子喜歡玩3C產品，因為裡面的畫面一直不停的跳動。但是書本是靜態的，並不會跳動，所以他的注意力就游離了。主播報新聞時，明明只要一台攝影機對著他拍就可以了，為什麼會有三台攝影機？還要導播在後面講說一號、二號、三號攝影機，從不同的角度來拍？這就是當攝影機切換的時候，螢幕是跳動的，這時，人的注意力就會被這個吸引過去。假如螢幕切換，忽放忽小，zoom-in剪接，一旦畫面兩分鐘內超過五次的時候，我們的大腦就會過勞（overwork），我們的眼睛就會累，因為我們注意東西是要花大腦的能源，所以很多人以為看電視是休閒，其實越看越累，最後就睡著，成沙發上的馬鈴薯。廣告跳動得很厲害，因為廣告時間我們多半會起來吃東西、上洗手間，為了要吸引你，廣告畫面就會維持快速跳動，以吸引你的注意力。

當我們了解了注意力的本質以後，對孩子無法夠專注就不會很生氣了，因為這其實是人類演化來的本能。要孩子坐在教室裡安靜不動的學習，需要慢慢訓練他，最好的方式就是把孩子抱到身上，親子共讀一本書，父母親的聲音有抑揚頓挫會吸引他，加上圖片彩色繽紛的吸引力，孩子就慢慢習慣在同一個地方坐得久一點，注意力也就慢慢的延長了。

　　另外一個跟注意力有直接關係就是睡眠，這個實驗是先讓四組大學生在宿舍睡滿8小時，第二天再請他們到實驗室來。第一組是晚上不能睡，第二組只睡4個小時，第三組睡6個小時，第四組睡8個小時（就是我們所謂正常睡眠時間），在實驗室裡睡兩個禮拜，然後給他們做測驗。當螢幕上出現光點時，他要盡快的按鍵，測他的反應時間。

　　結果發現第一組、第二組、第三組都慢下來，沒有正常睡覺的這幾組，光點出來了都沒有注意到。第一組完全沒睡的當然是最糟糕，他們的反應就失誤到400％以上，而且一直壞下去；第二組因為只能睡4小時，所以他的表現就跟24小時沒有睡一樣，第三組是睡6個小時，他們的反應也都不好。睡眠不足其實跟酒醉一樣，但比酒醉還更危險，酒醉只是慢踩煞車，可是沒有睡的話他是根本沒有踩煞車，所以打瞌睡比酒醉就更危險了。

有一種睡眠不足夠的情況，我們叫微睡眠，短暫的睡眠，從幾分之一秒到30秒。微睡眠的意思就是你覺得你眼睛是睜開了，但是其實大概有1秒到30秒的時間，你是睡著沒有反應的，這叫微睡眠。這種情形如果開車就會出車禍。研究發現，早上7點鐘起床，忙了一天到半夜兩點鐘開車回家的時候，你對路況的注意力跟酒駕是一樣的。如果你早上7點鐘起床，前一天晚上睡不到5個小時，出車禍的機率就增加了3倍；若睡不到4個小時，出車禍的機率則會增加到11.5倍，可說非常危險。

　　澳洲的一個實驗，研究者給一組受試者喝酒喝到法律的上限，0.8的程度，就是還可以開車的程度，另外一組是連續19個小時不准睡，實驗結果發現，不准睡的那一組在注意力的測驗上就跟酒醉的人一樣，由此可見睡眠對注意力的重要性，這也是美國有18個州延後上學時間的原因，目前除了親子共讀的方式，還不知道有什麼更好的方法可以培養孩子專注力的延長。

10 記憶力像置物櫃

記憶不需要補，父母只要了解大腦是如何處理記憶，
就知道如何去幫助孩子了
知道了記憶的特質
我們就可以幫助孩子在學習上事半功倍

　　一般家長都很注重孩子的功課，但是功課要好，孩子的記憶力就得要好，因為記憶力就是學習的根本，記憶力不好，老師教的東西記不住，背的課本也記不住，考試自然就考不好。我常常收到家長來問：如何增進孩子的記憶力？或應不應該送孩子去記憶補習班？我基本上是反對把孩子送補習班的，孩子的天職應該是遊戲，目前的教育制度已經使他們休閒的時間很少了，再送去補習班，孩子的休閒時間就更少。其實記憶不需要補習，父母只要了解大腦是如何處理記憶，就知道如何去幫助孩子了，因此我規劃二個單元談記憶的本質和增進記憶的方法。

　　記憶很抽象，但是用比喻來解釋就容易理解了；柏拉圖說記憶像一個鳥籠，你把鳥放在籠子裡，當你要去抓的時候抓不到，這時候有三個可能性，第一就是你根本就沒有把鳥放進去，也就是在登錄（encoding）的時候就沒有做好，孩子在學習的時候就沒有專心，所以一開始沒有放進去，當然考試時就出不來了。

　　第二個就是鳥有放到籠子裡面，但是牠在籠子裡死了，所以你就抓不到了，這就是儲存的問題。

第三個是鳥有在籠子裡，但是你去抓的時候，牠正好飛到別的地方去，所以你沒有抓到，但是等一下牠會出來，這是提取的失誤。所以遺忘有三個原因，如果要記憶力好，需要在這三方面加強。不過三個裡面最重要的是登錄，沒有登錄，後面的努力都是空的。

　　登錄跟注意力有很密切的關係，凡是熟悉的、有意義的和情緒強烈的訊息容易通過注意力這個瓶頸進入大腦。如果這個訊息是熟悉的、有意義的、是我們關心的，那麼這個訊息就會進入大腦被處理了。

　　儲存（storage）的問題是短期記憶（又叫工作記憶）和長期記憶的性質不同。短期記憶是暫時性的倉庫，容量小，只有7±2個空間，好像一個儲藏室只有7個置物櫃，若是訊息不斷的湧進，那就需要盡快的把訊息送入長期記憶中，否則20秒後這個訊息就會流失。這就是為什麼全世界的電話號碼不敢超過8個數字的原因，因為空間只有7±2那麼大。幸好這個空間是可以壓縮的，如果一個訊息是有意義的或押韻的，就可以把它壓縮在一個櫃子中，好似我們租的置物櫃，塞一個也是用到那個空間，塞很多，只要塞得進也是用那個空間；壓縮得好，暫時儲存的空間就大一點，一個陌生的訊息要從短期記憶進入長期記憶則需要靠複誦（rehearsal）。

訊息進入長期記憶之後，需要被固化，就好像手在石膏盆裡面壓個印子，印子硬了，它就存在了。長期記憶的理論上是無限大的，短期記憶不是，它是有限的，訊息需要不停的送到長期記憶去儲存。好像火車進到月台，東西趕快塞到車廂裡面去，火車開走，東西就載到了長期記憶，如果你來不及塞進去或車廂裡面已經滿了裝不下了，那麼火車一但開走了，月台上的東西就得清除，好準備下一批的貨物進來，那些沒趕上火車的東西就流失了。

　　第三個提取（retrieval），提取的時候需要有線索，當這麼多訊息塞在裡面，就好像圖書館裡面的書，如果沒有編碼就不容易找到。或是像物流的大型倉庫，他們東西都有一套規則怎麼放、他們按圖索驥就知道去哪裡找。

　　知道了記憶的特質，我們就可以幫助孩子在學習上事半功倍。

　　在實驗上有幾個幫助記憶很好的方式，第一個叫「即時測驗」，另一個叫做「間隔效應」（spacing effect），學習的時候把書拿出來，看完一遍以後放下來，拿一張紙把剛看的東西的大綱寫下來，若你寫得出來就表示你有讀進去，如果你寫不出來（就像很多人說的，書本一闔上腦筋就一片空白），那表示你剛剛沒有好好在讀。你在讀的時候，眼睛可能在看字，但心裡想著別的事，所以知識沒有進入你

的記憶，那等於是白讀。這時你就要重新來一遍，第二次的閱讀效果就會好很多，因為你得到了警惕，你知道不專心就不會有效果。如果你剛剛寫得出來，那麼現在放下來，先去做別的事，第二天再把這個東西拿出來再看一遍，第三天再看一遍，就是我們說spacing，就是間隔開來，這樣一遍一遍的看，等到要考試的那天，這個知識因為不停的提取，神經連接得很牢固，就可以完整的提取出來。就像你每天都用同樣的東西，你就知道這東西放哪裡，一拿就拿得到。

　　這個方法還有一個好處，當你每次看這章節，但每次提取的時候，線索可能有不同。而當你在不同的場所，有時在家裡、有時在學校、有時在圖書館，環境不同提取的線索也不同，那這個線索好比把一個寶貝用一條繩子捆著；你可能捆10次，把它沉到古井裡面去，另外一個方式是用10條不同的繩子，把這個寶物各捆一次，沉到古井裡面。他們都是捆了10次，只不過前者是一條繩子捆10次，後者是10條繩子各捆一次，對這個寶物來講都是10次，但是對提取者來講意義是不一樣的。前者是一次一條線索，後者則是有十條線索，因此前者你繩子一斷，哪怕你捆了一百次都沒有用，它沉下去了，你就拿不出來，而後者的話就沒關係，這條繩子斷了我還有9條可以運用。當你提取的線索越多的時候，你的提取就會越好。所以我們在實驗上就很清楚的看到spacing effect是學習上最好的一個方式了。

前面說過，熟悉度可以幫助長期記憶，我們對熟悉的東西不必花力氣，很快可以記住，那是因爲大腦有一個特性，即凡走過必留下痕跡。

　　有個實驗是請大學生來實驗室，給他看500張歐洲的風景明信片，他只要看，不需要做任何反應，看完後給他五塊美金的酬勞。在1972年時，最低工資是一小時2.65美金，五塊美金算不錯的，因爲酬勞高，所以今天做的人，明天請他們再來時都會來。第二天是看1000 張的歐洲風景明信片，但是要求他們分辨出哪一張是昨天看過的，哪一張是今天新看到的？學生聽了都懊惱說：我昨天不知道要記，我沒有好好的看，只是坐那邊隨便看。其實這個實驗的目的就是想知道隨便看的時候，記得多少？結果測驗的平均正確率高達78%，令人不能相信。因爲亂猜的話，正確率是50，當正確率高達78%時，這表示他們還是可以分辨出來，印證了眼睛只要看過的必留下痕跡。所以多帶孩子出去外面見見世面，多讀多看多想，對孩子的記憶力會有很大的幫助。

11 | 強化記憶力的不二法寶

多看可增加熟悉度，多做使神經迴路自動化
多閱讀，會增加孩子的背景知識，提供他儲存新知識的壓縮方法
短期記憶空間有限，但可以壓縮訊息擠入置物櫃中
最主要是隨時隨地增加他思考的機會

　　記憶力很重要，是智慧的根本，也是學習的基石，本單元談記憶力著重在應用上，如何幫助孩子克服記憶的困難。

　　上個單元談到長期記憶，理論上是無限大，只要存進去了基本上應該都在，那麼平常有時為什麼會想不起來呢？認知神經學家說這應該是提取的線索不對。就好像說你用A名字存檔，卻用B名字去提取，名字不對當然就找不到了。那麼神經學家是怎麼知道長期記憶的容積很大並沒有流失呢？

　　在醫院裡，當癲癇病人需要動手術把放電的大腦皮質切掉前，一定要先做「大腦地圖」這個流程；就是把放電細胞的功能找出來，才決定動刀。例如病人左邊顳葉有病變，無緣無故放電，使癲癇發作，影響日常生活，因此醫生會建議把放電的皮質切除。但是萬一那個地方正好是管語言的，把它切除病人就不會說話，怎麼辦呢？為此，醫生在動刀之前，會先去找出病變位置的神經細胞的功能，如果是管語言的，就不能切除，它的原則是兩害取其輕。

　　因為我們的大腦本身沒有痛覺，所以病人在做大腦地圖時是清醒

的（清醒才能說話），醫生把探針插進細胞通上電流，看病人的反應，這時病人自己都不知道的記憶會跑了出來。比如說，探針在右腦某個地方時，病人就報告他看到一個影像，看到他的媽媽穿藍色的衣服在掃地；又比如把探針放在某個地方，他就唱出幼兒園的兒歌，自己還會好驚訝的說：啊！我四十五年沒有唱這首歌了……，他甚至還會說出幾個幼兒園小朋友的名字。所以我們才知道，東西進入大腦的長期記憶後應該沒有流失，只是提取時的線索不對，才拿不出來。因為小時候看世界跟長大後的觀點很不一樣，就像我們白天找路，晚上再去同一個地方時，有可能找不到路，這是因為白天看到的線索與晚上黑暗時的線索有所不同。就像我們剛剛提及電腦存檔案，如果打進檔案名不對，檔案就開不了，但是它確確實實存在電腦裡並沒有丟掉，所以要強化記憶有一個方式就是「強化提取」。

那麼什麼是可以幫助提取呢？我們之前談到的繩子綁寶貝垂入古井的例子，繩子越多，越容易提取，因此環境也是一個很好的線索，比如有人說：啊！我們應該是見過面。但我覺得沒有，對方便說：是在某某的家裡一起吃過飯呀，這時，你想起情境便記得了。線索一樣時容易提取，如果在同一個地方學，又在同一個地方考，也會幫助提取記憶。這個實驗是在英國做的，在陸地和海底背生字，如果在海底背生字並且就在海底測試，那麼它的效果會比在海底背生字但陸地測試來的好，反之亦然，因為熟悉的環境影響了提取線索。

第三個方式則是處理的深度，經過思考以後，得到的答案記得比較牢。思索時，動用到很多跟這個問題有關的神經迴路，動用的越多，神經連的越密，答案越周延，記憶越好，所以孔子說「學而不思則罔」。

　　第四個方式是增加提取時的感官線索，如增加視聽和動感的感官輸送，所以現在很多學校都有「視聽教室」，學一個新東西時，又聽又看，印象就比較深了。還有另一個方法便是動感，像學中文字在空中劃筆順，肌肉也是有記憶的。

　　有個實驗是給學生看字，要求學生把它畫出來，例如給學生看手套、香蕉、蝴蝶、飛機、剪刀……20個字，每個字看6秒，一半的學生請他們把這個字畫出來，另外一半的學生叫他們用筆寫這個字，一直寫，寫到時間到為止。雖然兩組都是動用到肌肉的動感，但是請他們把這些字回憶出來的時候，畫圖的那一組就比寫字組的回憶好了5倍，這個效應是很強烈的。若是單字很長，比如說60個字，或者是很短20個字，或是呈現的速度很快只有4秒，或是慢達40秒，40秒你就可以寫很多遍或者可以畫得很仔細，而4秒的話就是大略畫一下，字只能3遍時間就到了，它的效果都是一樣的。最主要是只要他用心去想，那他的效果就是一定好。所以大腦處理的層次越深，效果越好，這跟學生有沒有學過畫圖、他的想像力程度好不好都沒關係，只

要他有動過腦筋想著該怎麼畫，他這記憶力就會比較好。

也有實驗一組學生是用描的，就像我們學寫中國字的時候先要描紅，在描的時候他看到影像，手也在動，可是效果就是不如自己動腦筋去想怎麼去寫的好；因為描紅是被動的，而自己寫是主動的。所以記憶力要好，一定要主動，要用心。

人在思考的時候，大腦很多區域血流量都會上升，大量的神經元就活化起來，就記得了。因此當孩子說我不會的時候，不要馬上告訴他答案，叫他先自己想一下或先去查字典，在查字典的時候要把這個字拆開來查部首，當他拆解字體時，對那個字的印象就會比較深刻了。孔子說「愛之，能不勞乎」，有時候孩子動作慢，我們會不耐煩，其實沒有關係，成長本來就要花時間，教養孩子要有耐心，給他時間讓他去仔細想、慢慢的做，不要為了快，而替他做完，要抱持著「凡是孩子可以自己做的就不要幫他做。」這樣的觀念，這也是教養孩子的一個重要原則。

前面說過，大腦是凡走過必留下痕跡，即使不特別注意去看也會有痕跡。下面再補充一個：大腦一出生看到、聽到就會有印象的實驗。

這個實驗是在加拿大做的，找的大學生是在一歲以前就被加拿大家庭收養的中國嬰兒。實驗者給他們聽中文的四個聲，就如「媽、麻、馬、罵」，結果發現他們是左腦活化起來，跟我們中國人是一樣的。而外國人習慣把四聲當作物理音，由右腦處理。一歲以前，這孩子還不會說話，他只是聽過這些語音，想不到就在他腦海裡留下了痕跡，而且這個痕跡過了十七年並沒有淡去，當實驗者給他聽中文時，他處理中文四聲語音的左腦就活化起來了。

　　所以要記憶好，就要多看，以增加熟悉度，多做，使神經迴路自動化，多閱讀，這會增加孩子的背景知識，提供他儲存新知識壓縮方法。短期記憶空間有限，但可以壓縮訊息擠入置物櫃中，最主要是隨時隨地增加他思考的機會。比如說，三歲的孩子問你：為什麼是這樣？你可以反問孩子：你認為呢？不但使他動腦，我們還可以順便知道他思考的途徑。

12 | 隔壁家孩子比較好嗎
教養方式

其實孩子有很大的可塑性，端看我們大人怎麼塑造他
塑造最好的方式就是以身作則，並且令出必行

　　很多父母都會抱怨孩子很難管教，總覺得我跟別人一樣的帶孩子，為什麼別人的孩子很乖，我的孩子卻不乖呢？本單元就跟大家談一下怎麼教養孩子。

　　管教孩子，盡量不要打，皮球拍得重，彈得高，會得到反彈效果。研究發現三歲以前，每個月被打過一次的孩子，五歲時打人的機率比沒被打過的孩子高二倍。三歲以前，孩子做錯了事情，你不需要責罰他，只要做給他看就可以了。因為那時期主要的學習機制是模仿，你示範，他模仿，下次就他就會做對。三歲以後你可以跟孩子講道理，告訴他為什麼要這樣子做，告訴他，如果不這樣做，後果會是什麼樣。

　　很多家長會覺得孩子太小不懂事，講他沒有用，其實不要低估孩子的能力。你不必講大道理，你做給他看後果，比如說不可以玩火，若講不聽時，你可以抓他的手在火上燙一下，他會痛，馬上知道不可玩火。要知道如果孩子聽不懂就會問，他問就是想知道為什麼，這時就盡量的表演給他看這個行為的目的，以及不做的後果。

我們比孩子大，有很多人生經驗，我們可以預期孩子會有什麼反應，事先準備好。比如說，長途旅行的時候，孩子會不耐煩、會哭鬧，這時，我們可以拿出會吸引他注意的組裝玩具。很多孩子會每5分鐘問一次「我們快到了嗎？」，「Are we there yet?」讓他有事做「occupied his mind」，他被吸引了便不會無聊了。帶些組裝玩具，讓孩子動手做，就比看故事書更吸引孩子。

　　如果做的事會違反孩子平日的習慣，如在飛機上不能像平日一樣換睡衣睡覺，那麼在出門之前，就要跟他講好：「我知道你很喜歡這件夾克、這條牛仔褲，想在飛機上穿，但是在飛機上沒有地方可以換睡衣，所以我們一定要穿寬鬆的衣服上飛機，這樣血液流通，腿才不會腫，不然就會不舒服，等下飛機後就可以換上你最喜歡的衣服了，好嗎？」，讓孩子知道還有機會穿他最喜歡的衣服亮相。

　　有人可能會問：孩子知道什麼叫血液嗎？當然知道，難道孩子沒有摔過跤、沒有流過血嗎？流血的時候我們要告訴他，流血其實沒有什麼大不了，血液流出來會沖掉表面的髒東西，沖掉細菌使傷口不會化膿，才能早日復原。我們跟孩子這樣子講了以後，他就不會因為一流血就大哭，以為他要死了。跟他講原因，告訴他不要怕。不要為了省事騙孩子，真相通常是唯一、也是最好的解釋。

很多孩子為了不肯吃飯，吵得家裡雞犬不寧。嬰兒罐頭的確很難吃而且很貴，如果你能夠在孩子小時候，把大人的食物用果汁機攪碎了後給孩子吃，這樣孩子從小就習慣吃大人吃的食物後，長大就不會挑食，因為口味是從小就養成的。小時候吃過的東西長大就會喜歡，這是大自然給孩子的一種保護，父母親給的食物可以安心吃，因為那是安全的。陌生食物就要一點一點的試，如果先吃一點，沒有上吐下瀉，可以再多吃一點，一定要確定這種食物是無害的才可以大口的吃。所有動物都是用這種方式保命的，所以父母在孩子小時候盡量給他吃不同的食物，他長大以後就比較不會偏食，吃飯也就不會那麼辛苦了。

另外，孩子最不喜歡就是你一直在跟別人講話，忽略了他。因為你的注意力都在別人身上不而在他身上，他就會來拉你的衣服、來叫你、一直打斷你們的談話。這時候我們要讓孩子知道，大人不能被孩子支配得團團轉。但是不要不理他，可以試著先引發他的同理心，你問孩子，當他在做一件事情的時候，如果媽媽一直叫、一直叫，他會不會很不舒服？他說會。這時讓他理解，當媽媽在做一件事情的時候，如果你一直叫一直叫，媽媽也會很不舒服。你應該告訴孩子：「媽媽知道了，等我做完手邊這件事馬上來處理。」孩子必須知道等待是必要的訓練，這個耐性就是要從小養成。

有人會認爲，這麼小的孩子知道什麼叫等待嗎？當然知道！曾經有個很有名的棉花糖的實驗，就是跟孩子說：桌上有糖果，你現在吃的話只能吃1顆，如果你等了10分鐘以後再吃的話，就可以吃2顆。研究結果發現，孩子其實懂得什麼叫等，而且也可以等的。4歲的時候可以等的孩子，到了小學四年級時，他在各方面的表現都比別人好，這個叫「延宕的滿足」。我們讓孩子從小知道，等待的重要性，人生不是什麼都是如他心意的，很多時候他必須要等待一下，如果他沒有從小學習等待，以後就會很缺乏耐心，一不如意就哭鬧。我們只要講道理給孩子聽，讓他了解每一件事情的後果是什麼，孩子自然就會做出他要的選擇了。

很多孩子要不到想要的東西時就會哭鬧，但是一旦他發現哭鬧無用時，他就不會浪費力氣去吵。所以管教孩子一開始的時候，做父母的要堅持原則，不要隨便投降，孩子就會聽話。因爲天下的孩子都很精，他若發現大人可以討價還價，那麼他一定要賴，大哭大鬧一直到父母受不了投降爲止。所以你若覺得自己的孩子不聽話，追根究底，肯定是父母不夠堅持原則，讓孩子覺得大人講這個話只是說說而已，不一定會眞的執行。他們會等大人大聲喝止的時候，才會停止，因爲那時候他知道父母是玩眞的。如果你不要每天大聲喝斥的話，就從小讓他知道大人講的話就是眞的，沒有討價還價的餘地，這樣孩子只要聽一次他就會去做了。

很多父母很煩惱晚上送孩子上床，因為總是拉鋸戰。可以嘗試在睡覺時間快到時，跟孩子說已經9點了，我們該去睡覺了，給他10分鐘去做心理準備，大概2分鐘之前再通知次「還有2分鐘呦！」這時候再督促他一定要停下來，把玩具收好，準備去刷牙換睡衣，養成有序的儀式就容易照著做，不要突然之間就說：「時間到了，上床去睡覺，不然我要揍你！」這樣子孩子一定會大哭大鬧。

　　孩子其實有很大的可塑性，端看我們大人怎麼塑造他；塑造最好的方式就是以身作則，並且令出必行。歷史上商鞅變法會成功，因為他說到做到，他在東門放一根柱子，說若有人搬到西門去我就給你一千金，天下哪有這麼簡單的事，但是有人做了並拿到錢，別人馬上就知道商鞅講的話是玩真的。令出必行的時候，不管你講什麼，別人都會去照著做了。盧梭的話也是對的，每個孩子都很聰明，他們都會察言觀色，都會懂得找漏洞鑽，做對自己最有利的事情，但我們只要一開始把規範講清楚，樹立好的規矩，讓孩子知道在範圍內他有自由，在範圍外，他必須守紀律，那麼這孩子就教養成功了。教養孩子真的並不難，只要從小做到這一點，以後就容易了。

13 兩歲孩子狗都嫌嗎
有苦說不出

孩子小時候的經驗，的確會影響他長大的行為
在心靈上一定要有安全感，使他能夠在情緒上穩定的長大

　　談到嬰兒的情緒，很多人說：「兩歲的孩子狗也嫌」，其實這是因為二歲的孩子語言表達能力還不強，不知道如何把情緒用語言表達出來，「啞巴吃黃蓮，有苦說不出」，明明孩子不要，可是大人不知道，一直塞給他吃，他忍著忍著，累積到最後他就爆發，大發脾氣了。

　　二歲的孩子，很多事情要自己做，並不想要你替他做。實驗上看到六個月大的嬰兒他的前腦就開始工作了，到一歲的時候，他就有自己的主見。比如說你給他2個玩具，在一歲以前，他會兩個手都伸出去抓，2個都要，可是一歲以後，只伸一隻手，抓他想要的。這時候如果你把他要的拿走，給孩子他不要的，他就會用哭來抗議。所以我們先要了解，其實不是孩子講不聽，也不是不乖，而是他的個性開始發展出來了，開始固執，堅持要這個東西。帶他出去，他鞋子一定要這樣穿，襪子一定要那樣穿，或者他要先穿襪子、穿鞋子，然後再穿另外一隻腳的襪子、鞋子，如果你不順他的意他就大鬧，這種情形該怎麼辦？

　　情緒是個很重要的認知能力，孩子一出生他的杏仁核就已經在工作，如果你對他微笑，他也會對你微笑；但是如果你板個兇兇的面

孔，他就會馬上哭起來。實驗發現，兩個月大的嬰兒，他面孔的反應在右邊的視覺皮質，跟我們大人一樣，所以不要以為孩子小不懂事，你要把他當作大人一樣去跟他講話，用微笑的面孔與他溝通，因為孩子正在發展他的情緒。

剛出生的嬰兒，他的語言和非語言的系統還沒有分化出來，是糾結在一起。非語言就是像臉上的表情，我們在生氣的時候眼睛會睜大，會咬牙切齒，一看到這種表情，孩子會馬上哭起來，甚至不需要罵，你只要講話的聲音低沉下去，他就會害怕起來。孩子不曉得怎麼處理他的情緒，因此他身體所感受到的緊張感覺，立即會回饋到他的大腦，心跳加快、瞳孔放大、手心出冷汗，這種身體上的反應會讓他開始哭起來，因為他不知道為什麼會有這個反應，但是這個感覺不好，他就開始哭了。

我們緊張的時候是叫不出聲音來的，我們會嚇到不能出聲，因為血液全部到心臟和四肢去準備逃命，可是孩子不一樣。孩子害怕的時候總是大聲哭，因為他還不知道什麼叫恐懼、刀槍有什麼厲害？孩子大哭時，不要先罵他，因為罵是沒有用的，他聽不懂，要先了解他為什麼哭，通常是受到驚嚇，所以這個時候要是緊緊的抱住他（緊抱會給孩子安全感），拍拍他、安撫他。如果這樣還不行，第二個方式是轉移孩子的注意力，用別的刺激去取代引起哭的刺激，嬰兒的記憶力

很短，通常會奏效。再不行的話，可以給他一顆糖，六個月以前，嬰兒的食道和氣管是不同的開口，所以嬰兒可以一邊吸奶、一邊呼吸，六個月以後就是同一個開口就不能了。我們大人喝一瓶12oz的可樂時，喝完一定會吐一口氣出來，因為喝的時候氣管是關住的。甜水要吞下去的時候，會厭軟骨把食道打開，把氣管關起來，甜水才會進到他的胃裡面去，這時候他就會停止哭泣。如果你家裡有養寵物的話，帶他去看寵物，摸一下小狗、看一下貓咪睡覺，他只要脫離了當時的那個情境，他就會忘記而停止哭鬧了。

有些父母親擔心孩子小時候很難帶，愛發脾氣，或者很害羞、很內向，擔心長大以後會不會人際關係不好？其實，孩子的個性是可以改變的。60年代的一些實驗是給嬰兒聽很大的聲音，有些嬰兒會害怕大哭起來，有些嬰兒就會轉頭去看是什麼東西發出這麼大的聲音，反應很不相同。等孩子長到了小學四年級時，再把他們找回來看看對大聲音的反應，結果發現沒並有什麼改變，所以當時認為孩子的脾氣個性是不會變。但是後來重新再做實驗，找了368名三歲幼兒，觀察這些孩子看到機器人Robbie走進房間時的反應；發現有的趕快躲到媽媽懷裡去、有的跑去摸摸它、有的不動，觀看這個機器人要做什麼？實驗者同時測量孩子的腦波，再從腦波的數據中挑出70個腦波最顯著的孩子來長期的追蹤。等他們到七歲、九歲的時候再帶回實驗室來，新的情況是：有三間房間，第一個房間裡有個陌生人在裡面看

書，小朋友走進去，他觀察這小朋友是大方的走到陌生人身邊說：「你在看什麼書啊？」跟他講話、還是想出去找媽媽、或者是像大部分的孩子就待在房間裡，看一看這個陌生人要做什麼。

　　第二個情境是房間裡有個戴狼面具的人，問小朋友：「你要不要試試看？」有的小朋友說：「給我戴，我要試試看！」有的小朋友看到狼面具就說：「我不要！」要找媽媽。第三個情境是房間裡面有個2公尺的狹窄隧道，雖然兩頭可以看到光，但還是會讓人有壓迫感。隧道上面掛著一個大猩猩的面具，房間的角落還有一根平衡桿，有的孩子不敢跟陌生人互動，有的不敢去摸狼面具，有的不敢鑽隧道。實驗發現有三分之一的孩子小時候很害怕，七歲、九歲時也害怕；有三分之二的孩子就改變了，那是後來的生活經驗改變了他的大腦。其中一個孩子在三歲時一緊張就哭，可是他九歲再來做實驗時，變得很大方，原來他有個大三歲的姐姐，每次姐姐都會帶著他出去玩，父母也常常帶他出去，讓他曉得陌生人並不可怕，所以這個孩子後來就變得大方了。

　　另外一個孩子在三歲時看到機器人就跑近說：「我要帶Robbie回家！」非常活潑大方，不感覺害羞，但九歲再回來時，完全變得畏縮、不敢跟人接觸，原來他六歲的時候父親過世，母親再嫁，後父對他非常不好，常常打他，所以這個孩子就學會了察顏觀色。他過去那些大膽的行為都完全不見了，因為被打怕了。過去一個很開朗的孩子，因為環境的改變，變成一個畏縮、膽小的孩子，這就是環境改變

造成孩子個性的改變。

　　加拿大的神經學家Michael Meany說：「環境的改變是可以深入到DNA的層次，生活的經驗可以改變基因的展現與否，所以孩子的安全感要被滿足，不然他的情緒是波動的；安全感被滿足的孩子，他的情緒是穩定的。」情緒波動的孩子很難帶，動不動就哭；穩定的孩子，他會眼睛看著你，只要你在他旁邊，他就不會害怕。

　　另一個很重要的實驗，是心理學一百年來最重要的實驗：1956年，Wisconsin大學的Harry Harlow教授，他把小猴子一出生就與牠的母親隔離，給牠一個絨布的媽媽和一個鐵絲網的媽媽。這個絨布的媽媽溫暖，可是身上沒有奶瓶；鐵絲網的媽媽冰冷，但是身上有一瓶奶。實驗發現，小猴子所有的時間都躲在絨布媽媽的身上，只有肚子餓的時候，牠會越過絨布媽媽去吃奶，但牠的腳還是勾著絨布媽媽。表現出孩子沒有安全感時，他不太敢離開大人，萬一有什麼風吹草動，他可以馬上縮回到安全的地方去。這個實驗最重要的地方是這個猴子長大以後沒有辦法正常的交配，實驗者用人工受孕的方式讓牠懷孕後，牠卻把親生小孩虐待死，這在實驗上讓我們看到了受虐兒長大會變成施虐者。這個實驗不可以用人來做，因為這不人道。可是我們知道孩子小時候的經驗，的確會影響他長大的行為，所以對父母來講，絕對不是給他什麼物質上的享受，而是他在心靈上一定要有安全感，這種滿足感，才使他能夠在情緒上穩定的成長。

14 生辰八字
坊間的迷思

相由心生，說好話、存好心、做好事
面孔自然和祥，行事自然順利

中國人講究生辰八字，認為每一個孩子的出生都是天註定的。但醫學的進步，科學家已經可以預知孩子什麼時候會出生了。

我們知道胎兒是不會呼吸的，在媽媽肚子裡是用臍帶換血，把乾淨的血透過臍帶送進子宮來，因此必須等到肺部發展完成，能夠自己呼吸的時候，才能安全出生。我們在實驗上發現，當胎兒的肺部發展完成，可以呼吸時，肺部的絨毛就會送出一種酵素，傳遞給母親的子宮，讓母親知道，我可以呼吸了，可以讓我出來了。這時候母親的子宮就立刻收縮，讓孩子出生。大自然是個非常節儉的家庭主婦，凡是你自己可以做的，就不會讓母親去替你做。大自然也會幫胎兒作準備，如孔子說的：「不教而殺謂之虐」，七個月大的胎兒，在超音波上觀察到他在做夢的時候，手會放到嘴裡去sucking，就是吸吐、吸吐，在練習呼吸，我們就知道這個呼吸的重要性，大自然讓胎兒七個月就開始為二個月後的出生做準備了。

研究也發現，自然生產比剖腹好，嬰兒在出生的時候，要經過產道，這是個壓力，這時候胎兒的身體會分泌兒茶酚胺，兒茶酚胺把身體其他器官先關起來，把血液送到腦跟心臟，所以胎兒雖然經過產道

好像缺氧，但是血液帶氧，孩子的大腦就不會缺氧，經過產道的時候他被壓縮，就把肺裡的羊水都吐出來，肺是乾淨的，一出生接觸到空氣後就可以馬上自己呼吸。孩子出生後驗血時，顯現出來體內兒茶酚胺的濃度是四個小時以後回到基準線的200倍。也就是說，這個東西很重要，所以大自然給他200倍的保護力，如果肺還沒有發育完成，因為時辰的關係把胎兒取出來就糟糕了，因為缺氧超過5分鐘，大腦的神經細胞就開始死亡，8分鐘臉就變紫沒有救了，所以不要迷信去找最適合孩子的時辰，合乎自然才是最好的。

此外，自然生產母親身體恢復得比較快，可以早點下床，可以自己照顧孩子。自己哺乳對孩子最好，因為母乳中有很多營養素是奶粉中沒有的，至少母乳給寶寶的免疫力是六個月，喝奶粉只有三個月。

台灣許多父母親都很喜歡去替孩子算命，因為人對於未知有恐懼，都希望知道孩子的未來會怎麼樣。這個恐懼只要是人都有，外國也有很多的預言家，1949年心理學上有一個很有名的實驗應該可以破解這個迷思。這個實驗是，老師把學生叫到講台前面來，給他一個信封，跟他說：「這信封裡面是我算你的命，你拿回去，不要給別人看到」，信封上寫著孩子的名字，還寫「confidential（機密的）」。學生拿回去以後打開一看，老師好厲害，果然是算得很對，在1到5個量表上，學生給老師算命的準確度是4.5，大家都覺得老師算的很

準。老師說：「好，現在把你的單子跟你後面的人交換」，交換過來一看，每個人都是一樣的，原來老師用的是模擬兩可的句子，可以適用在每個人身上，是大家自己去對號入座。這個實驗叫「巴南效應」，這位巴南先生是個馬戲班班主，他講過一句很有名的話：「每1分鐘都有個傻瓜誕生」，因為他覺得人是很容易被騙的。

其實我們來看一下這位老師給學生寫的人格特質就知道了，他寫的第一項：「你很需要別人喜歡你、羨慕你和尊敬你。」事實上哪個人不需要？所以學生一看就馬上點頭，是，我真的很需要別人喜歡我、羨慕我。第二項：「你常常對自己要求很嚴。」的確是這樣子，我們常常覺得自己不夠好，就算對自己覺得很好，你的父母親也覺得你不夠好。第三項：「你有很大的潛能，你還沒有去開發出來。」我們也真的這麼想，常懷疑我究竟有沒有把我的能力發揮出來呢？我是否還可以更上一層樓呢？幾乎每個人都會這樣想的。第四項：「你雖然有一些人格上的缺點，但是你可以去彌補它。」想想看，假如不是這樣子的話，那我們人生就沒有希望了，所以我們就覺得這講的很對，就是講我。第五項：「你的性的適應困擾著你。」很多人都有感情上的問題，交不到女朋友、交的女朋友不滿意、滿意的交不到，每個人都覺得別人的太太比較好。第六項：「外表上你看起來很有紀律，很能夠自我控制，但是其實你的內心非常擔憂，而且是沒有安全感的。」這一點每個人都是如此。

第七項：「你對別人坦白是一件不聰明的事。」因為秘密只要說出就不再是秘密，不管別人再怎麼保證都沒用，在學校裡就會發現，你悄悄對閨蜜說我喜歡哪個男生，等你去上個廁所回來，全班拍手叫那個男生的名字，你就知道你被閨蜜出賣了。第八項：「有的時候你很外向、社交性、和藹可親，有的時候你很內向、謹慎、保守」。各位想一想，每個人都是這個樣子的，你覺得這正是在描寫我，就會覺得這個老師預測得非常準，其實這些都是模擬兩可的句子，可以用到任何人身上。

所以不要輕易相信算命，因為人很容易被別人影響，算命這個東西好就好，不好的話心裡會有疙瘩，「造命者天，立命者我」，命運掌控在自己手上。尤其算命的說你這孩子內向，他應去做坐辦公室內的事情，他外向，他應該要去做公關，其實我們已經講過個性會改變，後天環境會深入到他的基因上。

人很奇怪，很容易受到別人言語的影響，閒話會殺人就是這個意思。有個實驗是叫學生不要去想白熊，結果每一個人都在想白熊，越說不要想的話，越在心理翻轉。所以算命的問題在於，算得好，固然高興，就怕孩子認為我天生就是聰明的、能念書、做大官、發大財的，就不去努力，坐在家中等好命掉下來，這反而會害了孩子；萬一算到不好的，那就更糟了，有算命的說這個孩子剋父母，結果只好把

他捨入空門，放到寺院去長大，少了天倫之樂。五代十國時的桓溫，一出生就被說剋父，幸好母親沒有把他丟掉，而是拜託一個尼姑收養他。也有民間習俗說屬虎的剋夫，結果虎年的孩子就特別少，還有斷掌不好等等，這些都是無稽之談，父母不要相信。

相由心生，說好話、存好心、做好事，面孔自然和祥，行事自然順利。金光黨騙人就都是利用人的貪念，若是沒有貪婪之心，不是我的我不要，他就騙不了你了，所以命在自己手上「造命者天，立命者我」是千古不變的名言。

柳宗元在《種樹郭橐駝傳》說，樹種下去之後，不要一直把它挖起來看長根了沒有，你只要好好的照顧它，其本欲舒，根讓它展開來；其培欲平，土把它弄平；其土欲故，總是要帶點舊土；其築欲密，把它塞的緊緊的不會搖晃；這樣樹就自然長的好好的了。帶孩子就跟種樹一樣（所以孩子不要一直換保姆），郭橐駝樹種得好，因為他了解根已經對舊的土熟悉了，根舒開來了可以吸收土的營養，弄平了、塞緊了，不搖晃有安全感，你只要提供他好的環境讓生命自己會找出路。孩子也是一樣，生下來以後我們好好的教他，不必一直去測試他學會了什麼，當他的好奇心得到滿足，他的IQ自然會增加，他的行為當然會變好。

15 | 0～3歲的教養總結

孩子1歲時就已經有同理心了，要趁這個時候好好的教
因為有同理心的孩子會交到知心的好朋友
在人生路上會有貴人提拔他，凡事會逢兇化吉
對孩子來說，是一輩子是受用不盡的

　　零到三個月的孩子，他的大腦基本上是基因在主控，它要趕快的發展，所以這個時候嬰兒睡眠的時間很多，不需要什麼外界的刺激。父母親要做的是讓孩子安靜的成長，不要給他太多的刺激，外界刺激太多反而不好。只要把嬰兒床放在母親的房間，使他眼睛一睜開就看到媽媽，這會給他充分的安全感，他哭的時候把他抱起來安撫。哭表示他有需求，你把他抱起來的時候你會看到他的眼睛睜大、哭聲變小，因為他已經感受安全感了。兩個月的嬰兒就會辨識面孔了，媽媽把他抱起來，聲音溫柔地說：「寶寶你為什麼又哭了呢？」好好的跟他講話，不要大聲的罵，雖說他聽不懂，但你的聲音變低，連動物都會知道，所以罵的聲音只會使孩子哭聲更大，雖然他聽不懂你講什麼，可是聲音大會使他心生恐懼。把出生4天的嬰兒放在核磁共振裡面，耳朵旁邊放他父母親吵架的聲音，嬰兒雖然還聽不懂中文，可是父母親吵架的語音很急促、聲音很高亢，聽起來不舒服，這時候孩子就會恐懼，大腦的恐懼中心就活化起來。

　　三到六個月的時候，這時嬰兒已經會抬頭了，他的世界已經變大了，醒來的時間也變多了，父母可以盡量跟他講話，給他學習母語的材料。出去的時候把他帶在身邊，抱著他、背著他，帶著他到處走，

他眼睛看到的就是將來要生活的環境，耳朵聽到的是將來要講的母語，多給他足夠的刺激。

六到九個月的時候，寶寶開始會坐了，他的手已經有力氣抓東西，這時候要給他不同的東西抓，不必擔心這個東西太重，他在抓的時候就是在做學習，這東西看起來很大可是很輕，這東西看起來很小可是很重，這就是在做學習。這時你會發現寶寶已經有邏輯推理的能力了，他也會有數字的感覺，數字的感覺就是一堆東西在這裡，如果是巧克力糖，他會去抓比較大的那一堆，排成什麼樣子都沒有關係。他已經有大小、多寡的感覺了，他也有紀律的直覺。

這些實驗，使我們知道孩子九個月會坐在高椅上吃飯時，他會把湯匙往地上丟，你不要生氣，他在丟的時候其實是在做實驗，這東西丟下去，「碰」一聲破掉了，你很生氣，可是他很高興，因為他知道這東西以後是不可以丟的，如果他丟塑膠湯匙跟鐵湯匙，你會發現一次以後他用的力道就不一樣了。有一本書叫《搖籃裡的科學家》裡面有非常多的實驗，讓父母親知道任何時候，孩子每一樣東西都在做學習。他大腦裡面有一些天生的物理規則，知道東西丟出去就會往下掉，不會往上飛，重的東西聲音會大，塑膠的東西沒有聲音，因為他在摸的時候學的就是質感，你會看到他去選餐具的時候，會去抓那個摸起來比較舒服、比較實質的瓷器，而不會去抓塑膠的東西。

九到十二個月的時候，孩子已經會爬了，他的神經元開始大量的連結，這時候你要把不讓他碰的東西全部移開，方便他盡量的去探索，因為只有主動的探索才會造成神經的連結。一個神經元可以跟別人有一千個到一萬個以上的連結，這個連結會增加他以後創造力的機會，你讓他去爬，把不要的東西拿開時，他的探索給他的是一個正向的回饋，你鼓勵他而不是去責罵他。我們會看到一歲的孩子他在扶著牆壁走路時，我們拍手叫他走過來，這個時候哪怕他摔下去也沒有關係，因為他很矮離地很近，不會摔得重，尤其是嬰兒身上都有很多肉還包著尿片，摔到是沒有關係的，但是如果你要牽著他或者是你怕他摔跤，那麼這個嬰兒就很難學會走路，因為他會依賴到你身上了。

　　曾經有個實驗想測試同卵雙胞胎如果提早去扶弟弟走路，會不會比哥哥更早會走路，實驗者每天扶著雙胞胎弟弟走路5分鐘，二個月以後發現這孩子果然比他的哥哥早會走路，但是等他哥哥會走了以後，兩個人走的一樣的好。早產兒的眼睛比足月的孩子更早接觸到外面的刺激，但是早產兒的視覺敏銳度並沒有比足月的孩子來得好，也就是說，如果你孩子還沒有準備好，多給他刺激對他是沒有幫助的。我們反而看到孩子不站起來走是因為他的膝蓋軟骨還沒有發育完成，他站起來的時候體重會壓在軟骨上，他感覺痛所以不肯走，但是如果你把他放在水裡面，水有浮力他就願意走了，太早去做還沒有準備好的事情是沒有必要的。

孩子到了一歲左右，他的同理心就開始發展出來了，其實6個月大的嬰兒的前腦就開始活化起來了，就可以開始教他同理心。

　　人性本善，這個實驗是請大學生到實驗室，給他聞阿摩尼亞的味道。阿摩尼亞很臭，所以聞的時候他大腦的厭惡中心會活化起來，然後請他躺在核磁共振裡給他看撲克牌，請他大聲把這張撲克牌唸出來，比如梅花3、黑桃5，你要求他看到紅心1時要唸「黑桃10」，也就是叫他說謊。可是這個說謊對他的人格是沒有什麼關係的，但是就這麼一點點的說謊，他大腦的厭惡中心就活化起來了。人是不喜歡說謊的，人性是本善的。所以八個月大的嬰兒如果看到不公平的事情，他會見義勇為或者看到別人受欺負，他會不喜歡、不舒服。

　　這個實驗是給一個八個月大的嬰兒看一小段卡通短片，一個三角形推著一個圓形往上爬，因為上坡，所以推得很辛苦，當好不容易推到山坡頂上的時候，突然出現一個正方形，這個正方形一腳就把這個圓形踢下去了。於是這個三角形又很辛苦，很辛苦的把圓形推到山頂，這時候正方形又出來把它踢下去，看了三次以後，實驗者就讓孩子去玩各種幾何圖形，結果發現所有小朋友都不跟正方形玩，他們什麼幾何形都可以玩，就是不玩正方形，因為他們覺得正方形不好。那麼是不是正方形的形狀不好看，使他不喜歡呢？不是，因為可以換正方形推圓形上山，然後三角形把它踢下來，這個時候小朋友就不要三

角形，而去玩正方形了，可見8、9個月大的嬰兒就有同理心了。

　　同理心就是我打你會痛，你打我也會痛，不要打孩子也教育孩子不要去打人家；我吃東西很高興，我分東西給別人吃，別人很高興，同理心就是我們說的「人溺己溺」、「己所不欲勿施於人」，是做人最根本的道理。它其實很容易教，就是亞里斯多德講的，做好的時候趕快鼓勵他、抱他起來、親他，讓他知道這是個值得鼓勵的事情。孩子不乖的時候你不必打，你只要皺著眉頭、聲音變低，他就曉得這件事情你不高興了。

　　同理心在孩子小的時候就可以看到，曾經有位美國教授告訴我，有一次她一不小心車門關得太快，手被車子夾到，因為很痛，她大聲的叫了起來，她的孩子那時候才十四個月，看到媽媽這樣子痛，就趕快把他抱在身上的泰迪熊塞給他媽媽，把自己嘴裡的奶嘴掏出來塞到媽媽嘴裡。也就是說，我痛的時候我需要吸奶嘴，我要抱我的泰迪熊，現在媽媽痛了，我也趕快把這個分給媽媽。孩子一歲的時候就已經有同理心時，應該趁這個時候好好的教，因為有同理心的孩子會交到知心的好朋友，在人生路上會有貴人提拔他，凡事會逢凶化吉，對孩子來說，是一輩子是受用不盡的。

16 夢是夜間的戲院
睡眠的重要

我們的記憶是在睡眠時被固化
固化是使記憶痕跡穩固不流失

　　睡眠對我們的記憶、學習和情緒是很有關係。我們每一天都花8個小時左右在睡覺，從演化上來講，這必然有他的重要性，因為人睡著了，野獸或敵人來了，可能會送命的，莎士比亞的《王子復仇記》中老王就是在花園中睡著了，被他弟弟從耳朵灌毒藥致死的。過去我們不知道睡眠的重要性，因為當時做老鼠實驗的時候是做了28天老鼠沒有死，但是其實做到32天老鼠就死了，死的時候皮毛都脫落潰爛，牠們是死於免疫力的缺乏，才知道不睡覺會傷害到免疫力。美國也有一位中學老師因大腦病變，無法睡覺，最後也是因缺乏免疫力而死。其實我們都有這個經驗：出去旅遊時，起早貪黑的玩，如果睡眠不足，回家就感冒了，因為空氣裡有很多的細菌，一旦免疫力變弱了，人就容易生病了。

　　我們過去都以為睡覺是大腦在休息，現在有了核磁共振，可以看到大腦在睡覺時，大腦的情形，就發現大腦各部位活化的地方比清醒的時候還更多，原來睡眠的時候是身體在休息，大腦在工作，工作得比平常時候還更辛苦，因為睡眠的時候，大腦在分泌重要的神經傳導物質：血清張素、正腎上腺素、生長激素。血清張素跟記憶、情緒有關，正腎上腺素跟注意力有關，這兩者都直接跟學習和記憶有關，生

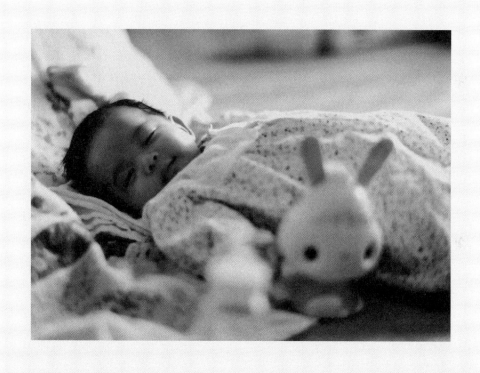

長激素是嬰兒如果今天睡的比較多，48小時以後就會長高一點，但對於不能再長高的大人來說，生長激素跟身體的修補有關，尤其是血管的損傷，感冒生病時若能好好睡一覺，病情就減輕很多。

我們的睡眠分成兩種，一種叫做速眼運動睡眠（rapid eye movement, 簡稱REM），這是作夢時候的睡眠情形；另一個就是非速眼運動睡眠（Non-REM sleep），這是不在作夢時候的睡覺情形，這兩種的腦波形態是不一樣的。

我們清醒的時候的腦波是β波，β波是14到30Hz，Hz是cycle per second，每1秒鐘的週期，這個β波就是我們在上課、在工作時的腦波，它使我們專心、警覺和焦慮。

α波是8到14Hz，是我們在昏昏欲睡，似醒非醒，放鬆、發呆做白日夢時候的腦波，等到快要進入睡眠的時候就進入theta波，然後進入delta波，delta波就是慢波了，睡一陣子後會進入快速動眼期去做夢了，這叫一個週期。成人大約90分鐘一個週期，嬰兒60分鐘一個週期，我們做夢的時候，眼球快速的跳動、腦波也轉為β波（這兩項就是作夢的指標）。一般人一個晚上大約作4到5次夢，450分鐘除以60分鐘，大約睡7個半小時左右會醒來，通常是在淺夢後自然醒，你一定有作夢只是自己不知道，因為我們不記得所作的夢，以免跟真

實混淆。

非速眼運動睡眠時，則是在反思白天發生的事情，而做夢時則是把白天的這些訊息和大腦中舊的訊息組合起來，一個在反思，一個在綜合，這兩種睡眠時的功能是不同的。

人在清醒的時候是不停的接受外界給我們的訊息，大部分時候是來不及消化的，等到睡眠時，大腦就把這些新來的訊息拿出來整理強化，把要的訊息透過海馬迴把它送到長期儲存在頂葉，一個我們叫做聯結區的地方去存起來，實驗上我們看到晚上睡眠時，大腦海馬迴的地方有100到200毫秒的電流迴路，不停的往返海馬迴和大腦皮質儲存長期記憶的地方，若干擾這個運送，記憶就會受損。

有個實驗是先給受試者看一百張面孔和名字的配對，然後一組晚上讓他們睡，不吵他們，另一組在睡眠時，阻止這個電流的運送。第二天早上再讓受試者背一百個面孔和名字的配對，這時發現被干擾組的效果就不好，因為海馬迴中的訊息沒有被送出去存放，它的空間被前一天學到的東西佔滿了，沒有辦法再儲存新的訊息，所以睡眠對記憶很重要。

我們的記憶是在睡眠時被固化，固化是使記憶痕跡穩固不流失。

實驗發現20分鐘的午睡就能增加20%到40%的記憶，所以孩子累的時候讓他去睡一下，起來後讀書的效果會好，累的時候不要硬撐，不然書沒有讀進去，覺也沒有睡著，反而是事倍功半，兩頭都落空。

如果白天刺激很多，晚上大腦的皮質就會大量活化，一個學會新作業的老鼠，牠的皮質晚上在睡眠時會大大的活化，這隻老鼠的學習經過晚上的整理後，第二天再跑迷宮時，學習的效果就比較好。

你可能會想：白天有16個小時，發生了這麼多事情，晚上只有8個小時睡眠怎麼來得及處理它呢？原來晚上睡眠的時候，大腦像個錄影機在快速的往前轉帶子，速度比平常快20倍，所以來得及。

睡眠不足會影響突觸的蛋白質的製造，蛋白質不足，記憶就不好，睡眠不足甚至影響海馬迴中的DNA的展現，這個DNA是跟學習有關的基因，所以睡眠跟學習有直接的關係。

做夢的時候是大腦在做組織和整理，調整大腦中的模式，把白天學的東西跟過去的經驗比對，若不符合就調整模式，調整為更符合外界的真實現象。因為訊息經過了整合常會出現洞悉或頓悟（insight），德國的化學家苦思「苯」的化學結構不得，晚上夢到一條蛇在咬它的尾巴，就想到是圓形結構，所以睡眠跟我們的創造力有

直接的關係。

　　美國卡內基美隆大學的研究者把電機系的學生找來，給他看一個
問題解決的難題，學生看了半天不會，老師說：「好，沒關係，你去
上課，晚上10點鐘再來」，第二組學生是晚上10點鐘來，也是來給他
看同樣的問題，也是做不出來，老師說：「沒關係，回家去睡覺，第
二天早上再來，第一組和第二組都是中間隔了12個小時，只是第一
組是早上10點鐘到晚上10點鐘，而第二組是晚上10點鐘到第二天的
早上10點鐘。結果經過了一夜睡眠的第二組學生，早上再來看到這
個題目說：「老師，我看到解決的方式了」，他解決問題的能力比第一
組多了22%。

　　做夢的時候，我們的肌肉是放鬆的，不然會把夢中的行為做出
來，打人、吵架（說夢話）等等，這是危險的。很多人有這個經驗：
作夢時夢到踩樓梯，一腳踩空，把自己蹬醒，實驗發現一腳踩空跟眼
球跳動和肌肉放鬆是同步的，表示大腦急著要去作夢，但肌肉還未放
鬆，大腦便下個指令「放鬆」，你就不知道為什麼跑到樓梯上，一腳踩
空了，所以有人說做夢就是提供大腦一個安全的演練環境，像一個夜
間的戲院，讓大腦就把白天的訊息和過去儲存的東西連結起來演出來
一樣，隨便怎麼打架都沒關係，因為你的肌肉已經放鬆了，不會受傷
的。

17 | 睡眠和記憶的關係

睡眠很重要，可以強化我們的記憶
實驗也發現，若只要干擾做夢，學習就沒有效
因為神經元之間沒有形成突觸的連結
所以很明顯的看到，睡覺跟學習有直接的關係

　　睡眠和記憶有何關係？我們知道記憶可分為短期記憶和長期記憶，短期記憶後來又稱為工作記憶，短期記憶的容量是有限的；7加減2這麼大，一般來說，年輕人是9，老年人是5，普通人是7，保留的時間也很短，只有20秒的時間。但人類的長期記憶容量就很大，只要存進去了就不會丟掉，怎麼知道短期記憶空間是有限的呢？給他看6個數字，比如說783445，然後請他從99倒著數，每次減2，就是99、97、95、93、91……，過了20秒，再問他：剛剛看的數字是什麼？如果還能夠講得出來783445，他的短期記憶就很好。

　　大腦的資源很充足，但大部分的人會忘記，因為工作記憶的空間是有限的，他在做減法的時候，大腦的資源要調來思考做數學，資源不夠來維持短期記憶中的數字，很快就忘記了，這個方法也可用聽的來測試，如給他聽783445，結果會是一樣。

　　為什麼全世界的電話號碼，基本上不敢超過8個數字？當人口更多，電話號碼數字需要更多的時候，就改區域號碼。比如說台北的話是02，新竹是03，高雄市是07，每個城市都可以有一個電話號碼。23244944，這是8個數字，但02的23244944和03的23244944就是不

同的人家了，這原因就是減少你的記憶負擔。你只要記23244944，不必去記台北還是台中，記憶負擔就減輕了很多。這是為何電話號碼不宜超過8個數字，超過以後你就不容易記得了。

在從前沒有手機的時代，我們用公用電話時，常常有這樣的經驗，你打電話問104查號台：「請問台灣大學的電話號碼是多少？」總機小姐告訴你了以後，如果當時手上沒有紙筆寫下來，你可以把它記在腦海裡，然後丟進錢幣，就可以撥出電話號碼。但是當你正要撥號碼的時候，外面有人敲你的玻璃門問：「對不起，小姐，跟你換個錢！」你沒有理他，但是剛剛查詢的數字卻消失了，因為「對不起小姐跟你換錢」是9個音，瞬間就把你剛剛那個短期記憶裡的那8個音就擠出去了。

所以短期記憶就是一個暫時儲存的機制，好像訊息可以同時放在心智裡面做個比較、做個比對，等一下再拿出來用。所以工作記憶跟以前所謂的短期記憶是非常的相似，只不過工作記憶包含了不只是暫時的儲存機制，還包括主動處理，用來思考和推理，以前的短期記憶就只有儲存，現在把它變成工作記憶，他的範圍大一點，還可以用來思考和儲存。

睡眠很重要，充足的睡眠可以強化我們的記憶力。這個實驗的做

法是，請大學生前一天晚上一組睡覺、一組沒睡，第二天來實驗室學習生字並檢測腦波，然後回家正常睡眠兩天之後，再來實驗室測試他們的記憶力。實驗結果發現沒睡組的成績比睡覺組差了40％；另一個實驗是測沒睡覺組的海馬迴晚上工作的情形，結果發現幾乎沒有活化，好似沒睡覺把海馬迴的輸入管道關掉了。

所以開夜車沒有效，大腦記不住，其實只要干擾NREM學習就沒有效果，因為神經元間沒有形成突觸連接。你會發現大考之前開夜車，早上起來馬上去考場，把你背的把它寫出來，你可以考到及格，但是老師說：「今天不考，下禮拜再考」，你要重新唸，因為你沒有睡覺的時候，記憶是只能儲存在你的短期記憶裡面，你沒有辦法進入長期記憶的時候，你就要重新再唸了。睡覺跟學習有直接的關係。前面說過，睡眠時，神經迴路會以100到200的毫秒(millisecond)一直來回跑，把知識輸送到長期記憶裡面去，海馬迴是個小倉庫，如果睡眠的時候把訊息移到長期的倉庫裡去，把這個空間釋放出來，白天就可以儲存更多新的知識。

另一個實驗是請學生中午到實驗室，學100個名字和面孔的配對，這個面孔的人叫Johnny，那個面孔的人叫Alice，學會了以後，一組在實驗室裡面睡午覺90分鐘，另外一組則不准睡，在實驗室裡面上網，晚上6點鐘再請他們回來學習100組新的名字和面孔配對。

一下子要記這麼新的名字和面孔，它的短期記憶就塞爆了，結果發現有睡覺的那一組比沒有睡覺的那一組要好20%。也就是說，他在睡午覺的90分鐘裡面，把原來那個倉庫裡的東西移到了長期記憶裡面去，所以他的空間就空出來了，等到6點鐘叫他再來學一組新的面孔和名字配對的時候，他就有空間來置放，所以他的記憶力就比較好，但是沒有睡覺的那一組倉庫已經是塞滿的，再也塞不進去了，就不行了。

我們在分析睡覺的腦波資料時，發現在NREM sleep的時候有很多的紡錘波出來，而紡錘波越多學習的效果越好。實驗看到：當天快要亮的時候，兩個夢之間紡錘波產生最多，所以天快亮時，睡的最熟，最不容易被叫醒，也看到老人家的記憶力不好的原因是因為老人家紡錘波比年輕人少了40%，老人家睡眠時間較短，睡眠品質不好，所以紡錘波的出現很重要。

2006年德國還做了一次實驗，實驗者在睡覺以前請大學生背一連串的生字，受試者在進入深度睡眠的NREM sleep的時候，給他們大腦刺激，增加他們的慢波和紡錘波的數量，大學生第二天早上起床時，回憶的就比控制組要好了兩倍，所以睡眠跟學習與記憶有很重要的關聯。

18 孩子看得見別人的需求嗎
培養同理心

同理心的反面詞是偏見，偏見是個很嚴重的社會問題
我們在教孩子同理心的時候，切記不要把偏見也帶給了孩子

如何培養孩子的同理心。很多家長可能懷疑：這麼小的孩子知道什麼叫同理心嗎？其實是知道的。

所謂同理心是能夠看到別人的需求，感受到別人的痛，別人哭了，遞上面紙，因為我哭時會需要面紙，別人難過，我也跟著難過，我們常在看別人的手被針扎到時，會不由自主地縮回自己的手，這個感同身受就叫同理心。這是天生的，育嬰房的嬰兒只要一個哭，別的孩子也會跟著哭，他也許不知道別的孩子為什麼哭，但他因為感受到別人的不快，他也跟著不舒服起來。

有一個朋友在電話中與她媽媽抱怨她的老闆好討厭，好像「pain in the butt」，這句話是美國俚語，意思是如芒刺在背。butt是屁股、臀部的意思，結果她二歲的女兒一聽，馬上跑去廁所，把塗尿布濕疹的膏藥拿來替她塗，因為孩子太小，還聽不懂俚語，只聽到媽媽說她屁股痛，就趕快去拿藥膏，因為她包尿布太久會長濕疹，屁股會痛，但塗藥膏後就不痛了，所以她急忙去拿濕疹藥膏。在這裡，我們看到小小的孩子就已經有同理心了。

另一個朋友在關車門時不小心把自己的手夾到了，她就大叫了一聲哎呀！好痛！她的兒子才一歲半，就立刻把他含在嘴裡的奶嘴塞到媽媽嘴巴裡，並且把他抱的Teddy Bear塞給媽媽，意思說：媽媽受傷了、痛了，趕快把可以不痛的奶嘴和小熊給媽媽，希望媽媽能不痛，這就是同理心。同理心也表示我認同你，我在乎你。

　　同理心可以安定我們的神經，最近有個新儀器叫「近紅外線光譜儀」，它跟核磁共振很像，只是不像核磁共振必須躺著不動，而是戴著電極帽可以走動。利用這個儀器，實驗者發現母子感情融洽時，兩人的腦波是同步的；老人家常說醫生看病要有醫生緣，這不見得是醫術關係，有時碰到投緣的醫生，病就容易好，當你跟醫生說：醫生我這裡痛，醫生也感受到你的痛的時候，兩個人同步發射的腦波是心靈的溝通，病人就會覺得醫生很在乎我，心裡的感覺很溫暖，他的病也就比較快好起來。

　　在醫療上有一個叫做安慰劑效應，如果你認為這個藥是特效藥，是有效的，你的病就會好得比較快。早期沒有盤尼西林之前，醫生其實沒有什麼藥物可來治病，多半是安慰劑效應，比如說醫生拍拍你的肩膀微笑說：沒事，吃二帖藥就好。你心情一放鬆，營養能吸收進去，果然就好了。

這其實有生理上的原因，我們大腦中最長的一條神經就是迷走神經，迷走神經跟我們的五臟六腑就是心臟、肺臟、腎臟都有連結的，當我們知道有人跟我的病情一樣，有人在乎我的病痛，迷走神經會比較放鬆。迷走神經跟我們的杏仁核有連結，杏仁核又是管情緒的地方，人在極度緊張時會嘔吐就是迷走神經的關係，當心情放鬆了，壓力荷爾蒙就減少了，身體的運作正常了，病情也就減輕了。

同理心雖然是天生的，但還是需要訓練才會變得熟練。研究發現，你只要撥出30%的時間跟孩子互動，孩子就會有好的同理心，而你會有個快樂的孩子。孩子在哭鬧時，父母的同理心其實是一個很好的安撫方式。

有個媽媽帶著兩歲的孩子去辦事，辦事員的動作很慢，隊伍排得很長，孩子很不耐煩，就跟媽媽吵說：「我要喝水！」但是那個飲水機壞了沒水可喝，孩子就不停地哭鬧：「我要喝水！我要喝水！我現在就要喝水！」這時候有三種方法可以處理：第一種，你可以選擇不理孩子的感覺，假裝沒有聽到；第二種就是你咬牙切齒說：「我已經跟你講過了，等一下回家才有水喝，這裡沒有水，現在立刻給我安靜，不要吵」。第三種就是你蹲下來跟孩子講說：「你現在很口渴是不是？大口喝冰水會讓你覺得很舒服，我真的很希望這裡飲水機沒有壞掉，沒有壞的話，我就會抱你起來讓你喝個夠。」你這樣子講的時候，孩

子會安靜下來，因為他的需求被大人看到了，然後母親的同情態度很受用，使他覺得好像沒有剛剛那麼口渴了，他就可以安靜耐心的等，這就是同理心的作用。

一件事情發生的時候，你先肯定他，「你口渴想喝水，我知道了」，讓他的情緒先穩定下來。千萬不要立刻否定孩子的感覺，認為他是無理取鬧，這會孩子鬧得更厲害。然後你跟孩子溝通，語氣緩和說：「現在沒有辦法呀，你等一下回家馬上有好多水可喝了」。當媽媽安靜下來的時候，孩子就安靜下來，我們常常看到，孩子哭鬧，父母親吼叫的甚至比孩子還大聲。漫畫家幾米有一句話很好：「孩子火大時，大人安靜；大人火大時，孩子逃命」。

同理心的反面詞是偏見，偏見是個很嚴重的社會問題，我們在教孩子同理心的時候，切記不要把偏見也帶給了孩子。有一個實驗是找了150個一年級、三年級和五年級的小朋友來玩遊戲，請他們眼睛閉著抽籤，抽到紅籤就是紅隊，抽到藍籤就是藍隊，但其實根本沒有藍隊，只是他們眼睛是閉的，所以不知道。實驗者對紅隊的小朋友說：藍隊的人很討厭紅隊，你們要小心。老師發給小朋友代幣只能在這個遊戲中用，小朋友可以買禮物送給他喜歡的人。老師發給紅隊孩子代幣的時候告訴他說：這是藍隊的同學送給你的。過一會兒，老師就會去問紅隊：你覺得藍隊對你好嗎？你有多想跟藍隊的孩子玩，要他們

從1不願意到4很願意表明態度。結果一年級的孩子最容易受到大人影響，藍隊孩子雖然送了他禮物，給他代幣買東西，但是老師講藍隊不喜歡我，所以我不要跟藍隊玩。可是五年紀的孩子就比較不一樣，他已經長大了，有他自己的思想，可以用自己的經驗來判斷：他送我禮物，他是喜歡我的呀，那我可能可以跟他一起玩。我們看到這麼簡單的一句話就可以左右的孩子的認定和判斷，所以偏見實在是太可怕了。

　　孩子因為信任大人，會把大人的話照單全收，所以大人不可以灌輸錯誤的觀念給孩子。在幼兒園的時候，各個種族，黑人、白人、紅印地安人、黃種人孩子，大家都可以一起玩，但進了小學，孩子開始開竅以後，就會學大人說：這個黑鬼、那個紅番……，雖然Jonny對我很好，但媽媽看不起黑鬼，所以我下次就不要跟Jonny玩了。這個種族偏見形成了，以後就很難改，所以父母親在跟孩子講話的時候，要切記不要把你個人的偏見帶給了孩子。

19 | 父母是最初的老師
親子溝通

> 親子溝通沒有一定的主題，基本上就是透過跟孩子講話
> 把訊息傳遞出去，增加他對世界的適應力

　　有三歲以下寶寶的父母通常會質疑，親子爲什麼要溝通？孩子這麼小，什麼都不懂，不就是我說，他聽，讓他學習嗎？是的，沒錯，孩子最早的學習場所是家庭，父母是最初的老師，孩子在小的時候當然是父母教，孩子聽，但是父母教導的態度方式和以後孩子的品格習性就有大關係，所謂權威式的教育，會導致孩子在青春期時比較容易叛逆。

　　人都喜歡聽好聽的話，而不喜歡聽罵人的話。一歲左右的小baby雖然不是很明瞭大人在談什麼，但是只要大人憤怒的表情一出現、聲音低沉時，嬰兒就會嚇得大哭。孩子最怕你不要他，因爲他還沒有自衛的能力，沒有父母的呵護他會死亡。不管多小的baby都不喜歡聽不好聽的話，親子溝通的原則是冷靜、溫柔、平緩，你如果變臉，孩子就會感到恐懼。

　　孩子很小的時候，父母不會責罵，因爲我們對他沒有要求，他任何的進步我們都很高興。但是一旦孩子上了學，哪怕是幼兒園，父母說話的聲音就開始不好聽了，因爲攀比，一般父母都太在乎成績，所以父母在跟孩子講話的時候應該要先想一下，這句話有沒有別的方

式說？不要用罵的，一罵孩子恐懼了，腎上腺素出來，大腦就一片空白，反而不知道你在氣什麼，尤其罵多了，孩子的耳朵會習慣性的關掉，有聽沒有見，就一點效果都沒有了。

　　有研究發現，每一句負面的話需要四個正向的話才能抵消它的影響。偏偏孩子在家中，每十句話中，只有一句是正向的，在學校是七句只有一句是正向，難怪孩子在長大的過程中，都覺得自己是一個魯蛇（loser），因為大人不斷的灌輸這個觀念到他腦海中。這種做法有一個很可怕的後果就是「自我實現」（self-fulfillment），每天罵他是豬，最後他就變成了豬。

　　這原因是神經學家在還有八天才要出生的小貓大腦中，看到神經元跟別的神經元有密密麻麻的連接，但等到這隻貓老了，再去查看同樣這個神經元時，發現常常活化的神經迴路變得很大條，但其他不用的連接都被修剪掉了。也就是說，神經的連結是用進廢退，常用的神經迴路會因不斷的活化，連接緊密，反應快，創意多，而不常用的就被刪減掉了。所以我們每天怎麼對待孩子很重要，因為今天對待孩子的方式會影響他神經的連接，就影響他明天行為的出現。尤其大人對孩子的看法會影響孩子對自己的看法，這個信念養成後，就根深蒂固很難改了。

馬戲團裡的大象一定要從小飼養，因爲一開始時，小象被鐵鍊栓住，逃脫不了，久了以後，牠就認爲自己是不可能逃脫的，即使長大了，力拔山河了，牠還維持著這樣的觀念，乖乖聽馴獸師的話。所以父母千萬不要動輒貶低自己的孩子，要知道孩子最在意的就是你對他的看法。

　　跟孩子溝通還有一個很重要的任務，就是透過與孩子說話，讓他知道後面還會有哪些事情要發生，讓他產生預期，這個預期就是他生活的秩序。A做完就該做B，B做完就要做C，比如說，鐘響九聲時，父母就跟孩子一起數鐘聲，教他數數，然後跟他說九聲就是九點，現在你要準備去刷牙睡覺了。把每一步驟設定好，然後按照順序去做，這樣就沒有意外的驚訝。前面說過，大腦資源不夠，喜歡節省腦力的行爲，這也是自閉症孩子固執，不允許改變的原因。改變代表大腦要重新去適應，重新適應要耗費大腦資源，他們大腦資源不足，不喜歡改變但又缺乏溝通的能力，有口難言，就在地上打滾，大發脾氣了。我曾看到一個自閉症的孩子，他不知道老師調了課，把音樂課改爲美術課，就很生氣，大哭不肯上課，因爲他大腦準備好了要上音樂，現在卻不是，他不能改，就發脾氣了。還有一次，一個孩子以爲要去姥姥家，沒想到爸爸開車去了奶奶家，結果也是不肯下車，大鬧一番，其實他更喜歡奶奶的，只是不能接受改變。

預期心理很重要，它幫助我們接納新的訊息，更多的時候是幫助我們接受不好的訊息。例如當人的心裡有預期的時候，打擊的痛就不會那麼厲害，癌症病人的家屬比車禍死亡的家屬比較能接受親人的離開。現代醫學看到了這一點，所以醫生會盡量告訴病人，他的下一步要做什麼，比如現在牙醫師都會事先告訴你，馬上要開始鑽牙了，會有一點不舒服，病人就會吸一口氣，準備痛的來臨。

　　同樣的，父母親可以透過散步、接送孩子上下學時間，盡量讓孩子知道這世界上所有發生的事情都是有因有果，循序而上，一步接一步。

　　這種固定的方式叫例行公式，就像星期一過完是星期二，形成我們生活的固定模式，減少驚奇、減少挫折。政客都知道好消息可以突然宣布，壞消息卻必須慢慢放出風聲，讓老百姓心裡有準備後再宣布。所以孩子事先知道今天有什麼事要發生，他心裡有準備，會安靜的接受你的安排，如他知道今天要去打預防針了，他會害怕，但不會像突然被帶到醫院看到醫生拿出針筒時的大哭。他的大哭其實有憤怒的成分在內，你怎麼沒有事先告訴我？憤怒加害怕，哭的聲音就更大了。其實我們如果先知道打擊要來的時候，我們會把肚子鼓起來，讓肚子充滿空氣，打上去就不會這麼痛，若是沒預防的時候，突然被打一拳，那傷害更重，痛得更厲害，所以預期心理很重要。

親子溝通沒有一定的主題，基本上就是透過跟孩子講話，把訊息傳遞出去，增加他對世界的適應力。重點在於「有話好好講」，儘量用比喻的方式，用他熟悉的物體來比喻，要責罵他時，也盡量用第三人稱，比如說，孩子今天沒有好好做功課，玩具沒有收好，媽媽就說：「小熊今天真不乖，功課也不做，玩具也不收」，一般敏感的孩子看到媽媽在罵小熊就會趕快反省自己，就會急忙去收玩具免得討罵了。若是孩子還沒覺悟，母親就可以提醒一下：「小熊不乖，那你有沒有乖呢？」通常這樣一說，孩子就立刻會去改正他的行為了。

　　親子溝通是個重要的技巧，關係著以後親子的感情和他以後對自己的信心以及跟別人的人際關係，是教養孩子中最重要的一個項目。就像我們放風箏時的那根線，如果風箏的線捏的緊，那麼風箏飛再高再遠都不必擔心，線在手上，一拉就回來，但是再好的風箏，線斷了就不是你的了。

20 | 認知功能的總理
執行功能

執行功能說穿了就是習慣的培養
因為好習慣節省大腦資源，使大腦有能力去處理別的事情

　　大腦另一個很重要的功能，就是「執行」。它是我們的注意力、記憶、情緒控制，還有計劃、策略、組織等等的認知功能，座落在我們前額葉皮質，如果這個地方受傷或是發育不良的話，會影響孩子的學習和成就。所以不管孩子再怎麼不聽話，不可以打他的頭，更不能抓他的頭去撞牆，因為前額葉皮質是他整個大腦最重要的地方。

　　這個執行功能在三到五歲的時候發展最快，然後在青春期的時候會再發展一次。它很像機場的塔台，機場有很多的跑道，每天有很多的飛機要起降，這些飛機必須要聽從塔台的指令來起降。前額葉皮質的功能就是指揮我們先做哪一件事，後做哪一件事，如何排除干擾、如何控制衝動。在醫院裡，我們看到因車禍而前額葉受傷的病人，雖然他的聰明才智沒有受損，專業能力也還在，但是失去了安排先後順序的能力後被公司開除，因為他每件事，做一做就放下來，去做另一件事情，每天很忙，卻一事無成。

　　那麼這個功能可以被訓練嗎？可以的，多用它，神經迴路被活化的多了，功能就發達了。

執行功能裡最重要的是注意力，注意力是把守訊息進入大腦的關口，它可真的是一夫當關萬夫莫敵。在日常生活中，每天有許多的訊息都想擠進我們的大腦來，但因為大腦的資源有限，不可能處理所有的訊息，所以只有我們在乎的、有興趣的東西才會進入我們的大腦，而注意力便是決定誰可以進入我們大腦的那個把關的人。

　　那麼，怎麼訓練呢？用遊戲，美國的嬰兒很喜歡玩peekaboo，就是兩隻手把臉蓋起來，然後突然打開手說：「peekaboo！」孩子就會略略的笑，因為這麼小的時候，記憶力是很短暫的，眼睛沒有看到，就忘掉了。所謂「out of sight, out of mind」，當你用手把臉蓋起來，他沒有看到你，會驚慌，可是一下子你把手打開，你又出現了，他看到失而復得，就好高興，就會笑。這個叫驚喜，因為驚喜會使大腦分泌正腎上腺素，這個正腎上腺素跟注意力和記憶都有關，它使大腦在處理這個訊息時，程度比較深。「沒有驚訝就沒有學習」，驚訝時候，眼睛睜大，嘴巴張開，大腦的腦幹就分泌正腎上腺素來維持他的注意力，孩子就立刻強化了這個記憶。

　　注意力基本上就是個大腦訊息的選擇，它過濾掉不要的訊息，把要的放大後，送到應該處理它的地方去，如視覺皮質、聽覺皮質。

　　注意力需要正向的回饋來維持，而學習新東西本身是一個正回

饋，如果一個動作太困難，孩子試幾次都達不到標準的話，注意力會因疲勞而游離開。這時，我們可以把一個新的、比較困難的動作分解成幾個較簡單的動作，當這個動作自動化後，再跳到下一個動作去，寶寶就不會有挫折感。

嬰兒的注意力很短，大約只有幾分鐘的時間，我們可以用親子共讀的方式來延長。一個故事還沒有聽完，他的注意力不會游離，因為他想知道結果。

父母可以每天親子共讀，跟孩子講故事，用故事來吸引他的注意力。我們唸故事書或講故事時都是慢慢的，聲音有抑揚頓挫、手舞足蹈，這些都會吸引孩子的注意力。當逐漸增加故事長度時，他的注意力無形中也慢慢的延長了。

執行功能說穿了，就是習慣的培養，因為好習慣節省大腦資源，使大腦有能力去處理別的事情。在實驗上看到，第一次做這件事情的時候，大腦用了很多的資源，第二次再做同樣事情的時候，因為神經迴路已經跑過一遍熟悉了，用的資源就比第一次少了一半，三次以後，它用到的資源就很少了。孩子做了很多遍以後習慣成自然，他就不用再花大腦的資源了，所以《顏氏家訓》說：「教婦初來，教人嬰孩」，好習慣是孩子一輩子受用不盡的。

另一個重要的執行功能就是「情緒控制」，人不是天生就有控制衝動的能力，但是這個能力可以被訓練，掌管情緒的杏仁核比掌管理智的前額葉皮質早成熟很多。如果不斷的去刺激大腦抑制杏仁核活化的動作，會使前額葉皮質的這些細胞更敏感、更容易活化，就更容易控制我們不好情緒的出現。孩子累的時候容易發脾氣，因為累的時候，他的大腦資源不夠，前額葉皮質無力控制他的杏仁核，孩子就容易哭鬧了。

　　注意力、情緒不會隨著年齡而自動出現，但它可以經過訓練而強化。皮質成熟度可以透過反覆的練習來加強訓練孩子的習慣。一個被鼓勵自我控制的孩子，他在情緒上比沒有人管教的孩子更好，如果孩子每次摔跤母親都說：「沒有關係，拍拍灰塵，爬起來就好」，這個被鼓勵的行為使他下次再摔跤的時候會自己爬起來；可是如果孩子摔跤，母親急忙跑過來抱，更糟糕的是父母拍打地板，說：「都是地不好害你摔跤」，這會使孩子下一次摔跤時去怪罪別人，「地不平害我摔跤」，這其實是不對的，不要讓孩子養成找替罪羔羊的習慣。

　　訓練孩子的行為，最重要的是大人的榜樣，模仿是孩子最原始的學習機制。大人在外工作免不了有受氣、受挫折的時候，若回到家，發脾氣罵人甚至摔杯子，那麼孩子就會有樣學樣。但是如果在吃飯的時候說：今天在公司碰到什麼事，我怎麼去處理這件事，由於孩子聽

話的能力早於他說話的能力，他便會了解爸爸今天不高興了，說話聲音變得低沈也沒有笑容了，但是他沒有打人或摔東西，表示這些發洩行為是爸媽不接受的。

　　孩子需要在一個完全安全的環境裡，把他的情緒發展出來。語言和非語言的神經迴路，在小的時候是沒有分化完成的，很多時候，孩子並不知道他這個情緒是什麼，他講不出來的時候，挫折很大，就會躺在地上發脾氣打滾了。孩子發脾氣時，父母不要跟著大吼，你要教他什麼是情緒，例如狗狗被汽車壓死了，你很難過，這是悲哀；看到有人被打，你很害怕，這是恐懼。當他下次有情緒發生時，他會跟你講：「媽媽我今天很憤怒。」那你就可以問：「你為什麼憤怒？」藉此就可以教導他怎麼去處理這個情緒了。所以情緒是需要被教育的，如果小時候沒有教，長大以後我們就看到很多這種白目，跟別人格格不入，甚至有反社會行為的人，這種人會因交不到朋友而孤寂過一生。

　　聯合國兒童基金會表示：「幼兒園時候最需要教的是情緒控制和好習慣，這比閱讀跟數字概念更重要。」就是說孩子小時候其實不用特別教閱讀、數數，而是教他們控制好自己的情緒、學會好的習慣因為這才是孩子終身受用的。

21 | 為大腦搶下閱讀地盤
親子閱讀

大腦是凡走過必留下痕跡的，看過一次，就在大腦裡留下痕跡
古人說開卷有益，確實沒錯，多看多吸收多記，知識是相通的

　　我鼓勵家長們從小就要培養孩子閱讀的能力，因為說話是本能，而閱讀是習慣。大腦中並沒有閱讀中心，所以閱讀需要教才會，不像說話，只要放在有語音的環境，孩子自然就學會。閱讀不是本能，越小的時候越容易學，利用大腦可塑性很高的時候，將閱讀的地盤搶下來。為什麼說地盤呢？因為我們目前用來處理閱讀的大腦區塊原本是辨識臉和物體的地方。當文字發明出來，大腦必須有一個地方來處理文字，而大腦各個區塊都已經被各個功能佔去了，沒有多餘的空間來處理文字。而人又不能再長一個新的大腦出來，最後只好借調原本處理臉和物體的地方來處理文字。實驗發現一年級小朋友看到字的時候，他左腦的梭狀迴並沒有什麼反應，還在處理面孔，但是到三年級時，左腦的梭狀迴已經全部被文字佔去了，面孔的處理被擠到右腦去了，所以要趁孩子大腦可塑性強時，讓閱讀把梭狀迴的地盤搶下來。

　　念書給孩子聽有多重要呢？美國有一個研究者從同一社區中，找到兩組5歲的孩子，他們父母的教育程度和社經地位都相似，一組是父母在過去的兩年中，有唸書給孩子聽，一週至少5次；另一組則沒有這些習慣。實驗的作法是請孩子說一個有關他自己生活的故事，比如他的生日派對、去動物園玩的經驗等等，然後請他假裝唸一本故事

書給洋娃娃聽。結果發現兩組有顯著的差異：父母有唸書給孩子聽的那一組，不但文法程度比較深，用的句子比較長，還會用相關子句，而且他們用的「書面語」（literary language）也比較多。

故事書，不論多淺，用的語氣還是跟口語不同。比如說，故事書開頭會用「很久很久以前」，而我們一般說話不會如此。故事書中常會用到很多的比喻，如「像玫瑰般的臉頰」、「像瀑布般的長髮」，這種口語中很少見，但是卻可以透過故事內容，讓孩子了解比喻的用法，增加了他對比喻生動性、活潑性的了解。

實驗也發現，大腦會因閱讀而發展不同。神經學家發現，孩子閱讀時，所活化的大腦區域跟成人不一樣，當孩子逐漸變成流利的閱讀者時，大腦血流量圖就越來越趨近成人的腦圖。初學者在閱讀時枕葉（視覺皮質）大量活化，在枕葉與顳葉交會的梭狀迴血流量也增加，而且是兩邊腦都如此，他們還動用到額葉和運動皮質區，他們用得最多的是角迴及頂葉、顳葉、枕葉交會處，因為這些區域處理字型的辨識及語意。

孩子聽多了書面語，不但增加他們的辭彙、語法的應用，幫助了作文，也使他們比較容易了解大人所說的話。那麼大人如何來引導呢？最簡單的方法是從寶寶六個月起，把他抱在身上，讀書給他聽，

讓他們親近文字，喜愛閱讀。當大人很陶醉在閱讀時，孩子也會喜歡閱讀，因為他們喜歡模仿大人。所以父母本身的閱讀榜樣很重要，因為模仿是最基本的學習。父母拿著書看，孩子也有樣學樣的拿起書來看，甚至書都拿反了，也模仿得津津有味。其實從小有閱讀習慣的孩子不見得會迷上漫畫，因為文字的描述比漫畫更生動有趣，而且那是孩子自己的想像力。但是從小沒有閱讀習慣的孩子，進了小學後再來培養時，常要靠漫畫來引導。當孩子識字夠多後，就不要再給他看漫畫，漫畫的缺點是剝奪了孩子的想像力以及減少詞彙的應用能力。

嬰兒六個月大的時候就可以親子共讀，這並不是要教他識字，而是養成他喜歡親子共讀的感覺，使他以後愛讀書。我們把寶寶抱在身上時，書是放在腿上的，雖然嬰兒是近視眼，但這個20公分的距離他是看得見的。書上有顏色、圖片，最主要是母親手指著字在跟他講故事，他就透過親子閱讀學習語言。繪本童話的句子都非常的簡單，而且它裡面詞彙是重複的一再應用，所以也順便教孩子說話了。同時它會慢慢養成孩子坐著不動的習慣。我們看到很多孩子坐不住，書打開來，沒看二頁，一下喝水一下上廁所，沒有定性，所以定性是要從小培養的。

一到三年級孩子是learn to read學習閱讀，三年級以後叫read to learn透過閱讀在學習，功能已經不一樣了。閱讀還會改變大腦的

結構，文盲和識字的人大腦是不一樣的，識字者中間連接兩個腦半球的胼胝體比較厚，血液量比較多，而且識字者左腦的活化地區比較大，至於短期記憶（short memory），識字者就比文盲大了一倍。

那麼，為什麼要廣泛的閱讀呢？因為大腦有凡走過必留下痕跡的特質。看過一次，就在大腦裡留下痕跡。古人說開卷有益，確實沒錯，多看多吸收多記，知識是相通的。我們都有這個經驗：在學會一個字後，好像走到哪裡都看到這個字，但是以前不認識這個字時，即使經過也不會特別注意。不熟悉、不認得、不了解的東西無法透過注意力的瓶頸進入我們的大腦，我們就有看沒有見了。

孩子學會閱讀以後，可以把別人的經驗內化成自己的，不必用他有限的生命去學那些無限的東西，這是為什麼父母給孩子最好的禮物就是養成他閱讀的習慣，讓他這輩子受用不盡。

二十一世紀知識已經不分課內課外，課外的知識越廣，讀課本就越輕鬆，所以我們如果說要使孩子擁有閱讀的能力，最好的方式就是大量的閱讀。

Tufts大學的吳爾芙（M. Wolf）教授認為：人會閱讀是個奇蹟，因為大腦不是演化來閱讀的，她說：「閱讀改變了我們的生活，

我們的生活也改變了我們的閱讀。」現在有很多證據顯示，大腦會因外界需求改變內在神經的連接，父母千萬不要錯過幫助孩子大腦發展的機會。

唸書給孩子聽，創造快樂時光。縱然孩子還小，未必聽得很懂，但是他會知道閱讀是一個快樂的時間，父母的注意力都在自己身上。父母唸書的抑揚頓挫對孩子來說像音樂，他會努力想知道父母在說什麼，而努力代表了主動，主動會增加他神經迴路的連接，快速的增加了他的辭彙，方便早日以語言與人溝通。孩子若能正確的表達出他的意思，就可以減少被人誤解，答非所問的挫折感（這是No Chinese全美語幼稚園孩子情緒挫折最大的原因）。

中國人一向功利，但凡作一件事就一定要看到成效，其實很多好的事情不是馬上看得見成果的。英國作家高登（Rumer Godden）說：「當你學會閱讀時，你等於重生一次，你再也不會感到寂寞了。」這句話說真好，好好培養你孩子這個永遠不寂寞的工具吧！

22 探索孩子的創造力

要增加孩子的創造力最好的方法便是增加他的生活經驗
多讓他動手去觸、摸、拿、捏、拆解
這些動作都會增加他神經的連接
孩子要自己主動去看東西、主動去探索，他的神經才會正常發展

　　我們如何幫助孩子發揮他的創造力？創造力在神經學上的定義是兩個不相干的迴路碰在一起，活化了第三條迴路叫「創造力」。神經彼此之間的連結必須要很細密，才可能碰得到在一起，而碰到了才能夠觸類旁通、舉一反三。

　　那麼神經要怎樣才可以連結得細密呢？答案是「探索」，主動的探索，因為經驗才能促使神經連接。對小寶寶來說，探索就是他學習新東西的方式，我們要鼓勵他去摸、去嚐、去試新的東西。

　　寶寶九個月大會爬了以後，他的神經發展就非常快，神經之間的突觸是一秒鐘可以長四萬個，我們在前面介紹大腦結構時談過，「突觸」就是兩個神經元中間的那個縫隙。大人的神經元與神經元之間大約有一千個到一萬個連結，而在嬰兒期，它是成人的好幾倍，連結的越多，寶寶的神經網路越密，對他以後智慧的發展越有利。

　　因為智慧在神經學上的定義是神經連接的方式和密度，前者是基因決定，後者是經驗決定，所以智慧是基因和環境交互的作用。這個神經連結的密度不但跟智慧有關，也是創造力的根本。所以父母盡量

讓孩子去探索，先把家裡具有危險性的東西都拿走，然後讓他去爬、去接觸摸索、去嘗試新東西，不要擔心一直說這個危險、那個危險，也不要讓孩子覺得探索是很可怕的事情。寶寶在探索的時候會把地上的東西撿起來放在嘴裡，這不要緊，因為他口水沒有吞下去，是流出來的。但是地上不要有孩子能夠吞下去小的東西，這是危險的。家裡有小小孩時，需要一個好的吸塵器，一天若能吸個二次就可以了。

我們盡量給寶寶玩各種生活上的用具，反正他以後要用到這些東西，早點讓他在玩的時候，熟悉這些用具的使用，還可以順便訓練他手指和手臂的肌肉。遊戲時，他可以學習觸摸湯匙的形狀，要用多少力量來掌握，盤子為什麼一隻手抓不住？為什麼平的表面食物不易抓起來？杯子怎樣拿才可以喝到水等等。也可順便教他這些用品的名稱，要盡量跟孩子說話，所以這是一石二鳥，利用生活中的用具當玩具，省錢又有功效，既訓練了手的靈活，又教會了物品的名稱。

外面買的玩具通常有固定的玩法，但生活中的用品玩的方式有很多，可以啟發寶寶的想像力。曾有一位神經心理學家在他的書中寫到，某年聖誕節，他因為升等成功，特地花了200元美金，替他五歲和七歲的兒子買了他們很想要的火車過山洞的玩具。結果發現孩子只玩了二十分就對玩具失去新奇感，不玩了。二個小兄弟反而拿起裝玩具的紙箱，玩起阿里與巴巴四十大盜的芝麻開門遊戲，他很驚訝孩子

竟然覺得免費的紙箱更好玩，他在觀察一陣子後，發現這個紙箱變成為太空梭，又變成小獨木舟，印證了一句話，「你的想像力是你最好的娛樂」。

寶寶在探索時，會用到舌頭，因為舌頭的觸覺特別敏銳。常看到美國小孩咬著一條小毯子不肯放，走到哪裡都拖著它，就是這個毯子柔軟的感覺給他當baby時的安全感。總之，經驗促使神經連接，在寶寶會爬之後，盡量讓他去嘗試不同的東西，開拓他的新視野，增加他的新連結，只要他能做的都讓他自己去做，不要替他做。

神經學的實驗發現，只有主動才能促成神經的連接，主動學習學的不但比較快，學習的方式和效果也不同。研究發現只有主動學習到的東西，在情境改換時可以靈活變通。

那麼如何使孩子主動去學習呢？首先要誘發他的好奇心，好奇心是創造力的根本動力，我們在水迷宮實驗中了解，被動運動的老鼠在改變下水的方向後，不懂得利用環境的線索去做出因應的改變。就像數學若是用背的，題目一換就不會做的道理一樣。科學家一開始不了解主動的威力，60年代有個實驗，把同一胎的二隻小貓，一隻放在一個籃子裡面，讓另外一隻推著牠走，這個儀器的構造像磨粉的磨子，有個軸心，一端是個籃子，另一端是個皮帶，套著一隻小貓，由

牠行走轉動承軸，讓另一端坐著另外一隻貓的籃子跟著動，也就是說一隻貓是自己主動的在動，另外一隻貓是坐在籃子裡面被帶著牠走。三個月以後，貓的視神經發育成熟了，作測試時，就發現主動和被動差別非常的大，只有主動學習才會造成神經的連接。

一個更好的實驗就是在小貓生下來以後，把牠的右眼先縫起來，讓牠用左眼看，一個禮拜以後，右眼拆線，縫左眼，右眼、左眼、右眼、左眼輪流拆縫。等到三個月貓的視神經發展完成以後，兩個眼睛都拆線，在牠前面放著老鼠，這個貓很想去抓老鼠，卻抓不到，因為牠沒有兩個眼睛同時看一個東西，沒有辦法形成深度知覺。所以孩子要自己主動去看東西、主動去探索，他的神經才會正常發展。

不要替孩子買玩具，盡量用最原始的紙盒、木塊等，這些才能真正發揮他的想像力，而想像力是創造力的根本。我們小時候沒有錢買玩具，常把椅子翻過來底朝上當作木轎子或監牢。我們在沒有玩具又要騙寶寶不哭時，可以試著把一個東西反過去給他看，一反過來它的形狀就完全不一樣了，小寶寶的新奇感也就產生，會一直看你翻來轉去，這形狀的變化會吸引孩子，他也就忘記了哭。

寶寶要學會一個東西正面、側面、立著、倒著都是同一個東西真是很不容易，因為在醫院裡，腦傷的病人就不能做，我曾給一個病人

看一張從上往下照的茶壺照片，他就不認得了。

　　總之，要增加孩子的創造力最好的方法便是增加他的生活經驗，多讓他動手去觸、摸、拿、捏、拆解，這些動作都會增加他神經的連接。

　　有父母問：孩子玩玩具時需要有大人指導嗎？因為有人認為有大人教，孩子才會進步。其實，玩具並沒有一定的玩法，除非是科學玩具，如果大人先做了示範，孩子的確會表現的好一點，因為他會模仿，但從另一個層面來看，模仿反而會剝奪了孩子創意與想像的快樂。

　　創造力是在「每個人都看得到的東西上面，想到別人沒有想到的地方」，每樣玩具都先玩給他看，會侷限了他的玩法。心理學上有一個很有名的水瓶實驗告訴我們：一個問題如果總是用同一個方法去解，就看不到捷徑。老地圖是找不到新的航線，我比較贊成讓孩子自己去尋找同樣一個東西的不同新玩法。

23 | 音樂和體育的重要

音樂陶冶性情，體育強健體魄
一般年紀大的人對於語言的反應會比較慢
但是年紀大的音樂家並不會，所以音樂對大腦的健康是有幫助的
體育運動也是，除了訓練孩子的技術和體能之外，還有紀律

　　孩子的音樂和體育也很重要，現在很多孩子不肯去上學，即使被父母送去了，也會想辦法逃學。有一個原因就是我們把教育的重點弄錯了，學校以成績來評量孩子，讓孩子以為學習成績不好，他就一切都完了。許多人到三、四十歲都還忘不掉童年功課不好的羞辱，他的自尊心也在出來工作二十年後才建立起來，這是多麼不值得的事，所以今天來跟各位談一下音樂、體育的重要性。

　　柏拉圖在2000年前就說過，雅典的公民在二十歲以前只要教他音樂和體育就夠了，因為音樂陶冶性情，體育強健體魄，這是做人的二個基本要件。

　　音樂和體育在學校裡一向不被重視，每次教育經費不夠時，首先想到的就是刪除這二堂課，這是很錯誤的觀念。實驗發現，要幫助孩子的記憶，增加他學習國英數的能力，音樂、體育是最大的幫手。運動時，人的大腦會產生多巴胺、血清張素和正腎上腺素，前二者對記憶有關，後者對注意力有關。所以芝加哥附近一所高中讓學生早晨7點就來學校跑操場，運動完了再去上課，結果發現學習效果非常好，這種學習法已在全美國推動。

用運動來幫助學習。對過動及注意力缺失（ADHD）的孩子，運動對他更重要，因為運動時產生的多巴胺作用跟吃「利他能」這種藥一樣，而藥物有副作用，大腦自己產生的多巴胺則沒有副作用。

音樂這個實驗是在美國西北大學（Northwestern）做的，這是一所很有名的學校。實驗者先對75個學生做一些聽力、記憶力、注意力、語言能力和口語反應能力的測驗。然後把學生分成兩組，一組是學習各種樂器，另外一組學樂理和音樂史。兩年以後，再回到實驗室做同樣的測驗，結果發現音樂組的孩子在語言、聽力反應上都比控制組好很多，這個結果讓大家很驚訝，因為我們一般都認為音樂是可有可無，是富裕人家的休閒活動，卻不知道音樂竟然會影響大腦的發育。

為了確定這個效果，研究者重做一次，把研究人數加倍，增加到150人，結果發現效果還是一樣。音樂組的孩子在聽覺皮質的發育，還有聽神經的敏感度，都比控制組來得強，這組孩子在吵雜的環境裡聽力也比較好、語音辨識能力比較強。而聽得比較清楚，語音辨識能力比較強，孩子上課就不易聽錯，對孩子的學習比較有利。

學習樂器有很多的好處，第一是記憶和注意力的訓練以及紀律，要學會一種樂器你必須持之以恆，任何一個動作做了一萬小時以後，

你就是這個領域的專家。大腦是用進廢退的。還有一個實驗發現，德國大學生在練習拋接球時，運動皮質區變大，當三個月不練習後，這個區域又縮小，三天打魚兩天曬網正是我們看到孩子不成功最主要的原因。

紀律固然很重要，但訓練的過程不可操之過急，給的作業不可超越孩子的能力，所有技能的學習必須要循序而上，不然孩子會因挫折而萌生去意。當練習一個階段很熟了，再提升到下個階段時，他會因為做得輕鬆、心情愉快而持續練習。人的本性是好逸惡勞的，容易做就會做下去，假如遇到困難，超越他能力時，他就會放棄。也就是說紀律固然很重要，但是訓練程度的適當性也是要留意。

音樂演奏時必須配合別人的速度，所以專注於自己的演奏之外還要留心別人的步調，這對孩子的注意力是非常好的訓練。其次，每週2次的排演給了孩子的社交機會，可以交到志同道合的朋友，強化他的人際關係，上台表演則可以增加孩子的自信心。

另有一個實驗顯示音樂可以強化大腦的認知能力，有利於孩子的身心的發展，甚至對老人也是，因為大腦的影響是一生的。這個實驗的對象是年紀大的音樂家和一般同樣年齡的普通人，結果發現雖然年紀大的人對於語言的反應會比較慢，但是年紀大的音樂家並不會，可

見音樂對大腦的健康是有幫助的。

體育運動也是，除了訓練孩子的技術和體能之外，還有紀律。研究發現運動可以防止老化，一隻有運動的二歲老鼠（等於人類的90歲），牠的大腦年齡等於六個月盛年的老鼠，對老人來說，運動還有防止阿茲海默症的功能。

國際知名的大提琴家馬友友，他會成功，因爲他有個好母親。他母親從來不會因爲孩子琴拉得不好而打他，只有在他做錯事情的時候才會打他屁股。爲什麼呢？因爲拉的不好而挨打，這麼孩子下次看到琴，腦海裡浮現出來就是挨打的影象，產生的就是恐懼的情緒而不是愉悅的期待心情。

成爲一個傑出的音樂家，你需要一萬小時的練習，如果你的孩子連一個小時都拉不下去的時候，他怎麼可能成爲傑出的音樂家？所以不要因爲孩子拉得不好而打孩子，或者以爲他拉的時間很長，便勤能補拙。要知道小孩子的注意力很短，只有10分鐘左右，如果硬逼他拉45分鐘，這效果絕對不會比他專心拉15分鐘來得更好。在這裡，勤是多多練習，但切記不要練習過久讓他疲勞，沒有感情的音樂只是物理音而已，不是眞正的樂音。

要讓孩子成為音樂家，就不要讓音樂成為他心中恐懼的事，當孩子全神貫注的時候，他是聽不見他人講話、也聽不見外面的聲音，因為他都全神貫注的在音樂中，其他的感官、血液都到這個聽覺皮質那邊去了。那時，大腦的資源都集中在所做的工作上面，這時候的學習效果最好，因為那個地區的血液大量增加，大腦就分泌大量的神經傳導物質，像多巴胺、血清張素，還有正腎上腺素來幫忙學習。所以孩子全心要學的時候，馬上就學得會。同樣的，若他恐懼的時候，他的注意力集中到老師手上的藤條，所以大腦的恐懼中心，這個杏仁核，就會大量的活化，心跳加快，手心冒冷汗，這時候沒有任何的學習效果，雖然眼睛睜得很大，可是訊息就是進不去。

　　音樂陶冶性情，體育強健體魄，這二樣是我們教育孩子的重心，父母不要本末倒置了。

24 孩子的社會化

社會化這個名詞聽起來有點陌生，好像很抽象、很學術性
其實它就是孩子對他生存環境的認識和適應
遊戲最大的好處是想像力的發揮
孩子只有跟孩子玩才會培養出21世紀所需要的EQ能力

「社會化」這個名詞聽起來有點陌生、有點抽象，很學術性的樣子。其實就是孩子對他生存環境的認識和適應，也就是他在這環境中應有的態度和行為。例如：在家庭中，他要學會如何跟父母、兄弟姊妹，甚至家裡的寵物一起和諧生活。他要認識他們，並知道自己的定位，比如要尊敬父母、友愛兄長。進入幼兒園後，則要了解幼兒園中的規矩，尊敬老師、友愛同學，才能從幼兒園順利畢業，因為也有孩子是幼兒園不肯收的。

每個社會都有每個社會的規範和傳統，違反了這個規範和傳統就會被排斥，逐出團體。所以社會化對孩子平安順利的長大，尤其情緒方面，是很重要的一環。它其實就是人際關係、應對進退的學習過程。而且是一個逐步內化的文化薰陶過程，所以不能夠操之過急，重點是社會化是他跟同儕一起，而不是跟父母完成的。

為什麼社會化不是跟父母，而是跟同儕完成的呢？因為孩子很精，知道很多事情是大人可以做而他不可以做。但是跟小朋友一起玩時，他可以做的，我也可以做。孩子知道分辨大人跟孩子要遵守的社會規矩有所差別，這就是為什麼說他的社會化是跟同儕完成的。

在團體裡面玩的時候，第一個要學會的就是遵守團體的規矩。你不可以搶別人的東西、你不可以打人，有一些做人的基本規則，孩子要在很小的時候透過遊戲學會。其實遊戲很重要，很多發展心理學家認為遊戲是孩子的天職，遊戲是想像力的發揮，想像力是創造力的根本。

　　孩子在遊戲時，不但要學人際關係，還要學情緒控制，一個愛哭的孩子是沒有人願意跟他玩的，一個不肯分享的孩子更是沒有人喜歡跟他玩。所以孩子透過遊戲馬上學會這些道理，比父母教導更直接有效。很多父母親說：我不知道怎麼去跟孩子玩，其實你不需要跟孩子玩，你是他的父母，照顧他、陪伴他、愛護他、教導他，但是他要怎麼玩？讓他去跟小朋友一起玩吧。

　　一個一歲多，甚至還不會講話的寶寶跟別人一起玩時，他們二個人就是組成一個小社會了。一個玩具，輪流玩或一起玩，是他們要學會的社會規範，大人只要製造足夠機會讓孩子一起玩，訓練他說話、分享、同理心和人際關係就好了。

　　一般來說，社區裡面總是有年齡差不多的孩子，可以組織一個媽媽俱樂部，大家輪流照顧孩子，只要一個媽媽輪值，其他媽媽可以去買菜辦事，而不會都被孩子綁著。值班的媽媽可以一邊清理房子、煮

飯燒菜，一邊眼睛看著孩子們玩。我們照顧孩子不是每一分鐘都要盯著他們，如果像打籃球那樣緊迫盯人，大人孩子一定都受不了。很多時候，孩子們會自己形成團體，就是小的跟小的玩，大的跟大的玩，各家把孩子送來的時候，也會把孩子最喜歡的玩具帶過來，免得孩子爭吵，這個好處是可以交換玩具，互相學習。孩子會模仿別的孩子怎麼玩，這對他智慧的開展幫助很大。

有一個實驗是給一個小朋友看一個比較複雜的玩具，只要一扳開關，音樂就響，一個小丑就彈跳出來；但開關在盒子的底下，一般小孩子不會去摸盒子的底下，所以他會上面弄來弄去，但蓋子就是打不開。這時實驗者就走過來，教他在盒子底下的開關一撥弄，音樂就響了，裡面的小丑就跳出來了。孩子會玩了以後，進來另外一個小朋友，雖然話都還不會講，但看到這個新鮮玩具，他也想要玩，這時大孩子就把玩具遞給小朋友說：我玩過了，現在你來了，我讓你玩這個玩具。這就是分享，新來的小朋友同樣摸來摸去找不到開關，這時候那個已經會玩的大孩子就會把玩具接過來，把它反過來，做給他看。不會講話沒關係，兩個人還是玩得好開心，所以孩子只要待在團體裡面，他很自然的就學會分享。

孩子在一起玩，常會有吵架、打架的時候，這時父母親盡量不要介入，讓孩子自己去解決，因為也是孩子學習的機會。

三歲以內的孩子打不過人家就會哭，這時候父母親只要看一看，如果不是很嚴重，就不要管。如果大人沒有介入，比較大一點的孩子就會過來幫忙解決糾紛，摸摸這個哭的孩子，叫他不要哭。

　　解決的方式不是說誰對誰錯。在團體裡，孩子很快學會跟人相處，也很快學會告狀是沒有用的，有了問題要自己解決，愛告狀的小孩子，反而會使別人討厭而不喜歡跟他玩。

　　曾經有外國人說中國的孩子特別喜歡告狀，後來，我的確觀察到如此。中國和日本的孩子碰到問題的時候會去找父母幫忙，比如說要小朋友用一個會漏的鏟子，把沙坑裡的沙裝進一個優格的瓶子，但鏟子有洞，沙一鏟起來就漏掉了，優格的瓶子就裝不滿。美國的媽媽不會來幫忙，她讓孩子自己去解決；日本的媽媽會站在沙坑的旁邊跟孩子比劃要怎麼做；中國的媽媽是直接把鞋子脫掉到沙坑裡說：「來，我教你做。」結果中國的孩子玩兩下子就不玩了，因為沒有新奇感了；而美國的孩子是自己摸索，一開始他不會，但弄了幾次以後，他會發現把瓶子拿近，鏟子雖然會漏，可是還是會有一點裝進去，裝滿以後他很高興，因為他是自己會的。

　　所以社會化是跟同儕一起完成的，而且在完成的過程裡，可以培

養出孩子的個性與解決問題的方式。

　　遊戲最大的好處就是想像力的發揮，最好的玩具是最不起眼的紙箱子，可以想像是太空艙、坦克車，任何他能想像的東西，即使只是一個破紙箱，幾個孩子仍然可以玩得開開心心、天昏地暗。孩子只有跟孩子玩，才會培養出二十一世紀所需要的EQ能力。

25 網路與紙本閱讀改變大腦

網路閱讀與紙本閱讀，不但是活化大腦的區塊不同
運用到的資源也不一樣

因為新冠疫情的關係，孩子在家裡用網路遠距上學後，很多父母親開始擔心網路閱讀會不會影響大腦？網路和紙本閱讀有沒有差別？這二個答案都是肯定的，因為文字的使用會改變大腦的結構。我們在實驗上看到文盲和識字的人，大腦是不一樣的。大腦會因為外界的需求而改變腦神經的分配，假如我們今天瀏覽網頁的時間多過閱讀書籍的時間，那麼這個神經的連結就會產生改變。大腦的規則是同步發射的神經元會連接在一起，加州大學的實驗者找了12名網路老手和12名網路新手，在他們使用Google搜尋的時候，掃瞄他們的大腦。結果發現經常使用Google的人，腦內活動的範圍比新手來得大，他們左腦背側前額葉皮質（DLPFC）的地方有大量的活化，而新手幾乎是沒有。

實驗者於是請這兩組人一個禮拜以後，再回到實驗室作掃描，在這期間他要求新手每天上網1個小時來練習搜尋。一週後，果然發現新手原本沒有活化的左背側前額葉皮質就活化起來了，而且大腦僅僅在6天之後就重新佈局。所以我們知道，大腦因應外面的需求而改變是非常快的。

實驗者又發現，網路閱讀與紙本閱讀，不但活化大腦的區塊不同，連用到的資源也不一樣。上網路閱讀、瀏覽的時候，大腦要動用到很多資源，每次只要移動頁面，轉移了注意力，大腦就得重新定位眼球的位置，這就會增加大腦的工作，所以網路閱讀的效果比較差。當實驗者用眼動儀來追蹤瀏覽網頁的眼球移動方式時，發現瀏覽的時候，眼球移動是一個F形；就是先讀一、兩行，然後眼球就往下移，大約看了一半，就把眼球往網頁面的左邊掃一下就結束了。也就是說，他並沒有完全讀完，網頁每增加100個字，瀏覽的眼睛停留的時間增加了4.4秒，大約只看了18個字。也就是說，大部分人只花10秒鐘看網頁，不管這個網頁多麼的精彩。

　　這個發現令家長感到非常憂心，尤其是現代人已經習慣了隨時監看手機，一有訊息進來，叮一聲，就會打斷你的專心，這使大腦轉換的成本更高。所以有人質疑學生在網路上究竟有沒有真正在閱讀呢？這個答案是沒有的，網路瀏覽不但改變我們的生活方式，也改變我們的大腦。幸好大腦有很大的可塑性，當我們發現瀏覽不能夠帶來深思的時候，我們會改變策略，用網路瀏覽大致看一下這篇文章值不值得讀，若值得讀，我們會把它印下來，在紙本上一個字一個字的讀，這才能真正的吸收。

　　有些網路閱讀者會把相關資訊用Link標示出來，一篇文章內會

含有很多Link，很多人看到Link就忍不住點進去看；這個Link中又連結其他的Link，因此，最後你可能回不到你原來的地方，你甚至忘記剛剛是讀到哪裡了。對學術性的文章，紙本閱讀是必要的，但是在現代因為資訊太多，可能無法在有限的時間之內，學到該知道的東西。大腦因此會不由自主慢下來，並動用所有的資源去了解它。

　　加州大學做了一個有趣的實驗：實驗者先給大學生的喉頭貼上電極，記錄他們喉頭肌肉的運動，並用眼動儀追蹤他們眼球的跳動及位置，然後給他們讀報紙和愛因斯坦的相對論。結果發現讀報紙時，眼球很平滑的掃過頁面，喉頭肌內也沒有動；但是在閱讀相對論時，眼睛不時回去剛剛讀過的地方，回顧意思有沒有解釋錯，喉頭的肌肉也動了起來，他們在默念，因為默念可以延長大腦處理的時間，幫助理解。受試者完全不知道自己的喉頭有在動，這是大腦啟動聲音來幫助閱讀理解。初識字的小學生在閱讀課本時，也會不自覺的發出聲音，因為他們對文字處理尚未到自動化的程度。

　　長期記憶有一個「深層處理理論」（processing theory），處理得越深，記憶力會越好。寫字幫助我們深度學習生字，這個實驗是請一組學生判斷螢幕上的字，是英文的大寫還是小寫；第二組是判斷這個字是不是押韻的；第三組是判斷這個字的類別，是傢俱類還是花卉類，結果發現第三組的回憶最好。因為要判別類別，他就必須用大腦

去想這是什麼東西、是屬於哪一類的，處理的層次最深，效果就最好。寫字也是一樣，我們會寫這個字跟我們認得這個字，大腦的處理層次是不一樣的，常常認的字卻不一定寫得出來。

層次處理的效果在很多其他地方也可以看到。比如說圖片的訊息比較多，看過的圖片其實不特意去記，辨識力還有七成。有個實驗是給孩子看20個字，如手套、香蕉、蝴蝶、飛機、剪刀，這種具體的名詞（concrete noun），一組是請學生把這個字寫出來，另外一組是把他畫出來。寫跟畫有點像，都用到手的肌肉，可是大腦內動用到的層次就不一樣，看完後，請他們回憶出剛剛看到的20個字時，畫圖的那一組表現就的比較好，因為畫的時候動用的層次要深些。

這種現象很強烈，它跟字多寡沒有關係。60個字和20個字效果一樣，呈現的速度，4秒鐘看一個，或一分鐘看一個效果也一樣，只要有動腦筋，動手畫的時候，他的記憶力就會好。甚至跟學生有沒有學過畫圖、有沒有這個天份、想像力的分數高不高都沒有關係。

在3C產品時代，父母常問的另一個問題是：還要不要寫生字？因為現在都是電腦打字，有人質疑只要能跟電腦溝通，電腦能辨識是什麼字，就不須真正去學寫字了。其實真正要認識一個字還是要會寫，在大腦處理層次上，recall和recognition是不一樣的，尤其中

文有很多字形相似的字，失之毫釐，差之千里，認錯會干擾閱讀，會誤解文意。

那麼寫字為什麼一定要堅持固定的筆順呢？因為筆順是另外一條進入大腦的路。曾經有個中風的病人，他的腦葉受傷了以後，他可以聽寫，不能夠讀他自己手寫的字，但是卻能夠透過手在空中劃那個字的筆順，而辨識出來那個字的意義。原來原先認字的神經迴路斷掉了，但筆順是另外一條路，寫字是肌肉的記憶，字寫的次數越多，肌肉記憶越強。我們寫信時偶爾不小心會把連接性高的另一個字，錯寫出來，例如要寫「花生」，但常常寫「花蓮」，寫到「花」時，「蓮」就跑出來了。

我們談過，主動才能夠促進視神經的連結。孔子說：「學而不思則罔。」要學，還是得下苦工，天下無難事，只怕有心人，這是我對新時代電子學習的一些看法。

了解了大腦處理訊息的方式，父母們就了解怎麼去引導孩子閱讀。科技是潮流，擋也擋不住，但大腦演化來學習的機制一時還趕不上3C的速度，說不定萬年以後，會不需紙本，但至少在目前，紙本閱讀仍不可少。

26 | 孩子生病了
重視免疫系統

飲食居住正常，房子裡的空氣流通
常帶孩子去外面接觸大自然，免疫力自然就強

　　小孩特別容易發高燒，是很多家有幼兒的父母最煩惱的事，稍微感冒就燒到40多度，嚇得父母半夜送醫院掛急診。好多父母問：小孩子是有什麼特別嗎？為什麼長大以後就不會像這樣發高燒？有的，現在就來跟大家解釋一下。

　　我們的免疫系統在寶寶還在子宮裡時就開始運作了。胎兒在成長時，身上會脫落一些蛋白質，他的免疫系統就會去攻擊他，免疫系統必須先把這些會攻擊自己的細胞清除掉，不然自己人打自己人很危險。像狼瘡、類風濕性的關節炎，就是免疫系統錯亂的現象。我們為什麼這麼怕自體免疫的毛病呢？因為自體免疫的毛病無藥可治，它不是細菌，它是你自己身體裡的細胞，所以你不能用抗生素；而它也不是病毒，所以也沒有抗體來抵抗它；它也不是腫瘤，你也切不掉。所以在胎兒發育的過程中，免疫系統的剔除能力非常重要，它必須在孩子還沒有出生的時候，大義滅親，把凡是會攻擊自己細胞的免疫細胞刪除掉，這樣出生以後免疫系統就只會攻擊外面來的細菌。

　　但是外面來的細菌有很多種，免疫系統怎麼知道哪個是好的、哪個是壞的呢？我們身體裡有很多的細菌是好的，比如說益生菌，我們

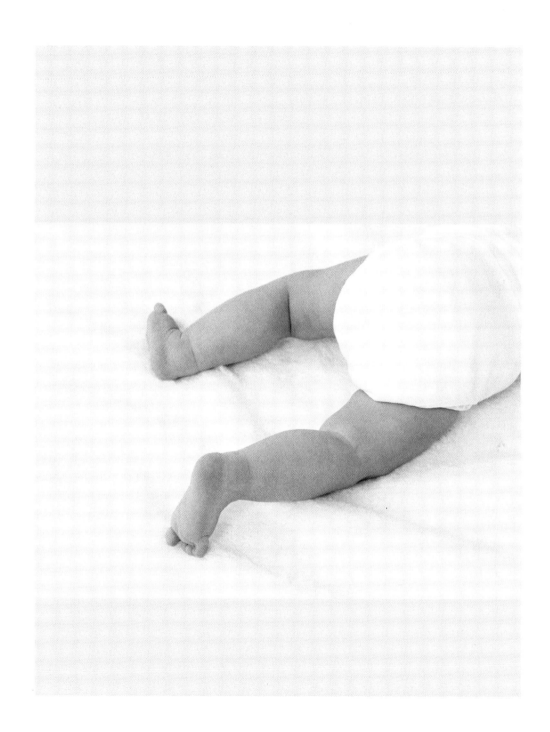

腸子裡有很多的細菌，住在我們的腸黏膜上頭，幫助我們消化吃下去的纖維，腸子裡的細菌還會合成維生素，供給我們身體使用。我們細胞中的粒線體，遠古的時候它是個細菌，進入我們身體以後就跟我們一起共生。科學家利用粒線體去追蹤人種的起源，因為我們身上的粒線體來自於母親的粒線體，父親的在精子進入卵子的時候就掉了，所以我們身上所有的粒線體是母親的粒線體，科學家就利用這個粒線體找到了人種的起源。

免疫系統必須要快速學會分辨敵人或朋友，不幸的是，這個分辨只會透過經驗來學習。就好像我們初交朋友時，不知道誰好誰壞，沒有辦法從外表上來看，我們就只有跟他交往一陣子，從經驗裡去學習。上過當，就知道他不是好人，就不要跟他來往了。這就是為什麼幼兒期發燒會比較高，因為一開始細菌進來，免疫系統不知道它是好的還是壞的，所以只好停下來先觀察一陣子。當它一發現這是壞的，就馬上火力全開，怕不全力反撲，細菌坐大了，殺不掉會送命。因此，它得全力反撲，把等待分辨的時間贏回來，所以這時候孩子發燒就會比大人發燒來得高了。所以父母不要擔心，這其實是他的免疫系統在全力捕殺入侵的細菌。

孩子發高燒的時候，父母親首先要想辦法把溫度降下來，給孩子睡冰枕，或者是毛巾用溫水去擦他的額頭或身體，因為發燒的時候，

水接觸他的身體會變成水蒸氣，可以幫助降低體溫。父母也可給孩子穿比較薄的衣服，但是不能讓他光著身體。總之，就是想辦法讓他高的體溫散出去，若溫度持續太高會把神經細胞燒死，海倫凱勒就是因為發高燒把視神經和聽神經都燒壞了。中國人不太敢給孩子睡冰枕，但可以用濕毛巾把他身體的溫度降下來。只是有一點絕對不可以做，就是穿很多很多的衣服、蓋很厚很厚的棉被，把汗悶出來，這是非常危險的，很多孩子出生時，聽力本來是正常的，因為發高燒，把他變成聾子，造成他終身的遺憾，所以千萬不可以「悶出汗來」。

我們的免疫系統有個驚人的記憶，即使過了幾十年，如果這個細菌再進入身體，它還是會認得，並把它殺掉。這是為什麼有些疫苗可以終身免疫，只有少數需要若干年再接種一次。孩子小時候一定要去打疫苗，尤其是三合一的疫苗。三合一疫苗就是破傷風、腮腺炎和德國麻疹，母親在懷孕的時候如果是德國麻疹，孩子生出來會畸形；如果小時候沒有出麻疹，長大時才出，有時會送命；腮腺炎很厲害，它會使孩子失去生育的能力；百日咳現在比較少。但是破傷風一定要打，因為細菌在地裡面可以很久不死，孩子出去玩的時候，免不了會踩到生鏽的鐵釘，破傷風桿菌是會致命的。現在有一些謠言說打疫苗會使孩子變成自閉症，這是錯誤的。現在已經找出「接種三合一的疫苗會帶來自閉症」這個謠言的起源：英國有一個醫生因為接受藥廠45,000英鎊的賄賂，昧著良心開記者招待會散布了這個謠言。因為

三合一的疫苗是幼兒期打的，而自閉症的症狀正好在二歲左右顯現出來，這時間的巧合就使父母深信不疑。現在他被英國的醫生協會開除，吊銷執照，不能再開業了，所以這個是沒有的謠言，家長可以放心的讓孩子去打疫苗。

但是，既然疫苗有驚人的記憶力，為什麼我們還會有所謂的過敏？過敏就是身體去打擊自己的細胞，我們剛談過，孩子在出生的時候，應該就把不好的細胞都殺死掉了，為什麼還會這樣子呢？

現在有很多的理論在解釋它，有一個叫做「衛生假說」，就是現在的衛生條件比前好太多了，所以孩子比過去接收到的細菌少了很多，我們的免疫系統沒有很多機會接觸這些不好的細菌時，它學習的機會變少，抗體也就跟著變少。所以很多醫生認為，孩子小的時候不妨讓他養一些寵物陪伴他，一方面培養孩子的愛心和責任心，一方面也是增加身體的抗體，提供他免疫系統見識到各種不同的細菌，然後以後就很容易分辨敵友，就不會造成傷害了。

在印度或第三世界一些國家，如果衛生條件不好，遊客常常會瀉肚子，明明是跟當地人吃一樣的東西，但是外人瀉肚子，本地人卻沒事，這就是他們的免疫系統已經很熟悉這些細菌，這些細菌已經跟他共生了。古代南方有很多的瘴氣，外來的人容易因此而死，其實瘴氣

就是空氣裡面的一些有毒的細菌，如果從北方來的，身體裡沒有這個抗體的時候就會生病，甚至死亡。四川湖南這些濕熱地方的人，偏愛吃很多辣椒，因為辣椒裡面有辣椒素可以抗菌。

最後，嬰兒為什麼不可以一出生就打疫苗？一出生就打疫苗不是更好嗎？為什麼等到三個月大以後才打呢？那是因為他的免疫系統還沒有準備好，還分不出哪個是好的、哪個是壞的，太早打了沒有用。我們知道空氣裡面本來就有很多的細菌和病毒，我們只要飲食起居正常，房子裡的空氣流通，常帶孩子去外面接觸大自然，鍛練好他的免疫力，自然就不要擔心孩子會常常生病了。

27 | 兄弟爭寵

我們照顧孩子的心，其實比照顧他的身還更重要
要孩子幫忙做事，切記先謝謝
再教他怎麼改正，使他做的更好
這樣孩子下次自然還會願意再幫你做

　　兄弟爭寵的時候怎麼辦？有二個以上的孩子家裡，這是個免不了的事情。因為老大是獨生子的時候，他獨享父母所有的注意力，當弟弟或妹妹出生了，父母的注意力被分掉了，這時老大一定會不滿意、覺得委屈，他希望你知道他的存在，若你還是沒有把注意力分到他身上，他就會去打弟妹來報復。如果沒有好好的處理的話，不但每天大哭小叫，還會影響兄弟間的感情。所以我們必須要了解行為背後的原因，處理起來就會簡單許多。

　　比方說，以前哥哥跟媽媽講話，媽媽都會蹲下來說：「你要跟我講什麼呢？」會唸書給他聽，而現在媽媽最常跟哥哥講的話變成：「不要吵，你沒有看到我在忙嗎？」哥哥被罵了以後，會很生氣，這個氣自然怪罪到弟弟的頭上。他甚至會想，若弟弟不見了，那麼媽媽就完全是我一個人的。所以一旦了解他行為的來源時，不要去責罰哥哥「你為什麼要去打弟弟、你為什麼……」，他是忌妒，我們要做的就是想辦法解開他這個忌妒心。

　　比如說哥哥三歲、弟弟一歲，哥哥打弟弟，弟弟哭了，這時我們先給弟弟一顆糖、一塊糕止哭，因為孩子哭，大人心會煩，心煩火氣

會上來，跟哥哥講話就不會有好的語氣。

我們的食道跟氣管是同一個開口，上面有個「會厭軟骨」，當我們吃飯的時候，會厭軟骨會把氣管蓋著使食物不會進到氣管裡面去，當我們要講話的時候，它就會把食道蓋著讓氣可以出來，方便我們發聲說話。因此孩子哭的時後，他的氣管是打開的，如果給他東西吃，那麼會厭軟骨就得蓋住氣管，甜水才不會進到氣管去，因此他就不能哭了，所以這是個止哭很好的方法。

弟弟不哭後，媽媽就把哥哥帶到房間，把門關起來，門為什麼要關著呢？因為我們不能讓弟弟看到哥哥打我後，還有糖吃。所以你把哥哥帶到房間關門後，也給哥哥一顆糖，然後跟他講：「我知道你為什麼要打弟弟，你以為媽媽不要你了？其實不是媽媽不要你，而是媽媽忙不過來，你看媽媽只有兩隻手，而且你也已經大了，很多事情可以自己做了，對不對？如果你可以幫助我照顧弟弟，那麼你幫我節省下來的時間，我會用回到你身上」。這個方式很好，因為孩子其實很願意幫你做事，他有用不完的精力，你差使他去拿東西，他可以跑得很快，尤其當你把時間回到他身上時，那簡直是他求之不得的事情，他要的就是你的注意。

安撫了哥哥以後，出來就要跟哥哥說：「現在弟弟要換尿片了，

你去浴室幫媽媽把尿片拿來。」如果你家裡每樣東西都放在固定的地方，孩子就能夠幫你做家事的。哥哥把尿片拿來了，你就很高興說：「好，你幫我做了這件事，今天晚上我幫你多念五分鐘的故事書。」每一次他幫你做了事情，你都要說：那我今晚再多幫你做什麼事情給你獎勵。

你可以在冰箱門上貼個條子，上面寫著哥哥幫你做事的獎品：換尿片多唸五分鐘故事書、拿痱子粉多唸五分鐘、陪弟弟玩多唸十分鐘⋯⋯。到晚上要睡覺時，你把哥哥帶到冰箱前說：「來，我們來加加看，今天你幫媽媽省了多少時間，媽媽現在要把這個時間用回到你身上了。」你一方面教他數學，一方面讓他知道媽媽要兌現諾言了，他會很高興，這時候你也不用催他去洗澡、換睡衣，他會乖乖的把一切都快快做好，因為媽媽要來講故事了。

要注意大人的話一定要兌現，而且一天裡面，媽媽要花一些時間，把注意力專注在哥哥身上，讓他真的感到你沒有忘記他。這樣你會發現老大會很認真的幫你照顧老二，他會不停的無事找事，然後跟你說：媽媽你看，我替弟弟做了什麼事情，我又替弟弟做了什麼事情。如果從小就養成哥哥照顧弟弟的習慣，兩人相親相愛，將來到了學校，有人欺負弟弟時，哥哥一定會跳出來去保護弟弟。所以只要知道問題發生的背後原因，事情就容易處理了。

有時候孩子會故意做壞事惹你生氣，你若知道他的目的是為了引起你的注意，那你就不應該生氣。英文說：「squeaky chair gets oil」，會吱吱叫的椅子就有人去給它加點油，會吵的孩子就會有糖吃。所以他故意做壞事來引起你的注意，這時只要給他你的注意力就沒事了。

在班上我們會看到老師問問題時，很多孩子會舉手，若這個孩子一直舉手老師都不叫他，他就會故意把東西「碰！」到地上發出聲響，這樣老師就看到他了。這是故意的行為，我們本來對故意會很生氣，要處罰，但知道他是為了討注意就不必生氣，趕快叫他起來回答問題就好了。很多孩子很渴望老師的注意，老師不可以嫌貧愛富或只喜歡長的好看的孩子，一定要公平給每個孩子一個機會，也讓孩子發表一下意見。若是孩子爭寵是為了得到你的注意力，那麼只要把你的注意力平均分到孩子的身上就好了。

我們關心孩子的心，其實比照顧他的身體還更重要，孩子有的時候做事可能不如你的意，不要不分青紅皂白就罵，你只要做給他看就好。三歲以下的孩子真的不要罵，因為罵他於事無補，只會使他害怕，這個年齡還有很多事情他不太理解，為什麼大人可以做而他不可以？或是手的肌肉還未成熟，拿不穩東西而摔破，但是你做給他看的

時候，他大腦的鏡像神經元就會模仿，下次就會了。

　　我們在實驗上看到孩子挨罵的時候，表情很緊張，緊張的時候，他的海馬迴會馬上分泌很多的壓力荷爾蒙，這時他瞳孔放大、大腦一片空白，反而學不進東西。所以教孩子不可以先罵，如果他做了你交代的事，稱讚他鼓勵他，他會很開心，下次還會幫你做；但是如果他做了，最後得到是責罵，那他下次就一定不肯做。要孩子幫忙做事，切記先謝謝，再教他怎麼改正，使他做得更好，這樣孩子下次自然還樂意再幫你做。

28 | 網路時代仍須懂得
應對進退

應對進退絕對不是小事，它有很深的文化內涵在裡面
需要從小教起，無法臨時抱佛腳的

　　父母如何教孩子應對進退的禮節呢？很多人似乎不在意孩子這一點，認為童言無忌，大人不該去計小人過。其實教孩子恰當的說話是一件很困難的事。有人說，我們花二年學會說話，卻花了一輩子時間學習不要說話。小孩若是說了不得體的話，聽的人心裡一定不舒服，甚至認為小孩子講的是真話，一定是在家裡聽大人講，他才會講的，誤會會使大人的友誼變色。一般父母都非常在意孩子在外的表現，現在雖然比較隨便了，但是因孩子出言不遜，導致父母親友反目的例子還是不少，所以特別提出來談一下。

　　話說的好，可以化干戈為玉帛；我們小時候讀魯仲連義不帝秦，就是一個很好的例子。或許有人說，現在都是遠距上班，不必跟人接觸，會做事就好了，為什麼還要會說話呢？其實當人與人的接觸不再是面對面，缺少了面孔表情的幫助時，說話才更重要。一句不得體的語言會引起誤會，使得到手的機會流失或原有的商機被取代。很多國家的語言有敬語，代表著輩份與尊敬，我曾看到因敬語用得不對，使合作破局，也看過因主辦人在開會座位的安排上忽略了輩份，而使當事人不快，拂袖而去。所以應對進退絕對不是小事，它有很深的文化內涵在裡面，需要從小教起，無法臨時抱佛腳的。

李光耀在2000年，卸任前的最後一場演講中說：「二十一世紀的新加坡國民必須要有快速吸取訊息的能力，以及正確表達自己意思的能力。」他特別強調正確表達能力的重要性，他說新加坡沒有自然資源，他們最大的資源就是人才。眼睛閱讀雖然比耳朵聽快了三倍，但正確表達，不讓人誤解更是重要。中國有句俚語：「煮熟的鴨子飛上天」非常傳神。所以新加坡定每年的4月23日為他們的國家閱讀日，從政府到老百姓都要閱讀，而且一定舉辦演講比賽，訓練他們的學生說話能力。

話要說的得體，除了語言表達能力好，還需要這個人本身的人文素養。比如察顏觀色的能力和知道什麼時候發言。孔子說：「言未及之而言，謂之躁；言及之而不言，謂之隱；未見顏色而言，謂之瞽。」知道什麼時候可以張嘴說話是一門大學門，很多人一輩子都不見得掌握得好。對孩子來說，第一要教的就是不可以插嘴，要耐心等別人把話講完，這一點父母要特別注意，適時說話是應對進退最重要的一環，父母可常帶孩子出去應酬，練習如何大方的回答別人的問題。

另外就是懂得打招呼、稱呼人，打招呼是說話的第一步。比爸爸年紀大的稱伯伯、小的稱叔叔，跟自己年紀差不多的稱哥哥、姐姐；與母親同輩，統稱阿姨就可以。最主要是告訴孩子說話之前，先把

那句話在心裡講一遍，神經迴路多走幾趟後，就容易把話說得乾淨俐落，讓別人聽得懂。

對談除了言之有物之外，還要讓別人接得上話，可以對談下去。說話時多說「你」，少說「我」，多用「我們」。少用「我」，說話最忌都是「我，我，我」，語言學的研究發現人喜歡說「我」，每16個字就有一個「我」，「我」是「你」的三倍。這是很多人的通病，因為人多半以自我為中心，喜歡表現自己。這種說話方式令人討厭，要學會留一點時間給別人，讓別人也有說話的機會。我聽過有人說，他不跟某人一起吃飯，因為全場除了他的聲音，別人都插不進一句話。

西方人從小就訓練孩子在大家面前發表意見，包括怎麼樣問問題、怎麼樣討論問題。西方的父母也從小教孩子社交方面的禮貌及禁忌，比如說不可以問女生的年齡和體重，不可以說讓人難過的話，例如：你好胖、你好醜，他們雖然講究誠實，但很多時候是寧可說謊，這叫white lie，如何說white lie而不讓人起雞皮疙瘩也是一門學問，是只可意會不可言傳的訣竅。

如果可以，跟小孩子講話時盡量蹲下身子，與他四目相對。因為眼睛是靈魂之窗，人的情緒從眼睛可以了解，孩子年紀小，嘴巴常詞不達意，逼急了會哭，所以跟孩子說話要耐心的猜，才能理解他想要

說甚麼，幫助它釐清思緒表達出來。

孩子最常犯的一件事就是當你在忙，但他堅持要你的注意，不斷的打斷你說話。這時，你可以蹲下來，看著他的眼睛，告訴他，你一做完手邊的事就立刻聽他講。我們前面說過，不能讓孩子覺得全世界都圍著他轉，但是一旦他覺得被尊重時，他就不會繼續吵鬧。

我們大人也要做榜樣，尊重跟你講話的人，不要頻頻看手錶、看手機或語氣急促，這會讓對方覺得你不重視他，你不想跟他講話。所以專心聆聽不但對孩子、對朋友也是一個禮節。人的大腦裡有個生理時鐘，比如說，我們常在鬧鐘響之前醒來，所以你可以感覺時間過了多久，若是覺得你可以結束談話了，這時你可以看看手錶道歉說：對不起，後面還有些事情，我們下次再談。古人有個很好的方法就是端茶送客，如果主人覺得談的可以了，就把茶端起來，對方就要知道該站起來告辭了。

得體的說話方式，可以表現出的你的修養和風度。蔣廷黻是我國以前駐聯合國的大使。有一次俄國代表咆哮會場，對中華民國惡言粗語相向，辱罵蔣廷黻是「僵屍」、「垃圾堆裡的蛆蟲」，蔣先生不急不忙的回答說：「我很容易用蘇聯代表罵我同樣的聲調和字眼來反罵他，但我避免這樣做，因為這不合我們關於尊嚴、說話分寸和禮貌的概

念，倘若我用同樣的語言來反罵，我們的國民會感到驚訝，怎麼我在聯合國工作八年之後，竟變成了野蠻人了？」這句話回答的非常好，最高級的罵人是不帶髒字眼，蔣廷黻很有學問，腹有詩書氣自華。

　　孩子在學校不免會跟同學起糾紛，別人可能會用髒話來辱罵他。這時要告訴孩子，人可以選擇自己的標準和風度，不降低自己的身份與他一般見識。如果狗對你吠，你也對他吠，人家就不知到底誰是狗了。教孩子在這種情況時要回答說：「你講的這些髒話不符合我的家教，我不接受，請你原封不動拿回去。」因為人家來送禮，我們有權利不收，不收時，就全部退還，自己不動怒，不傷身。家長可能覺得這太難教了，其實我看過好幾個例子，都是小學生，處理得很好，只要自己不動怒，對方就拿你沒輒。

　　俗語說：「世事洞明皆學問，人情練達是文章」，無論你走到那裡，都是會做人比會做事更吃香，只要在日常生活中多注意孩子的言行，自然可以教出人見人愛、有禮貌的好孩子。

29 | 男女性別差異

教男生、教女生要不一樣
因為他們的偏好是不同的，偏好不同時，看到的東西就不同
知道孩子天性上的不一樣
因材施教，效果自然就好了

　　由於男生與女生大腦的結構不一樣，所以很多地方，尤其是情緒的管理不太一樣，因此，父母親教養男生與女生的方式也就應該有所不同了。

　　男女大腦的結構上的確有不一樣。2004年，神經學家把30個不同部位的大腦切片，送去給不知情的其他神經學家，請他們判斷這是男生的腦還是女生的腦？結果他們都100%的正確判斷出來，這些不同結構的大腦造成男生女生行為上的不同。

　　例如：同樣是四歲幼兒園的小朋友，女生會用紅色、黃色等非常鮮艷的顏色，畫蘋果、房子、媽媽、洋娃娃；男生會用黑色、咖啡色畫汽車相撞、小人打架、火箭上月球……，這是因為他們在視網膜上感光細胞有不同。東西落在中央小窩上時，我們的視力是最好的，處理顏色的叫做「錐細胞」，英文叫做cone，女生比較多，男生多的是像棍子一樣的叫做桿細胞（rod），負責處理黑白對比、形狀的。因為rod對於會動的比較敏感，所以男生對於會動的東西，例如：跑馬燈的喜好是女生的兩倍，女生天生就對於臉和物體有比較多的興趣，所以一個畫名詞，一個畫動詞。

性別差異是天生的，因爲實驗者給在實驗室裡面長大的猴子卡車和洋娃娃，結果發現公猴會很自然地去玩卡車、汽車，母猴會去玩洋娃娃，對於中性的東西牠們兩個都會去玩，因爲這些猴子在實驗室長大的，是不可能受到社會文化的影響，所以這個性別偏好應該是天生的。

　　人類胚胎的原型是個女性胚胎，如果這個孩子是男生，有XY基因，那麼在懷孕6到8週的時候，他大腦裡面會分泌男性荷爾蒙。這個男性賀爾蒙出來之後，就會把大腦設定成男生的腦，是區塊性的，女生的腦是Diffuse擴散性的，就像說話時，男生只有左腦前區活化起來，女生是兩邊都有活化，只是左邊多於右邊。

　　女生因爲有卵巢，所以女性荷爾蒙會一直分泌到孩子出生後兩歲，而且濃度跟成年的女性的濃度是一樣的，所以女生在語言能力上比較早熟，她的觀察力、溝通能力還有同理心都比男生強。所以有人說女生比較適合做人資部的主任，因爲她們對情緒比較敏感，語言能力也比較強，比較適合安撫員工的情緒，大事化小，小事化無。

　　智力測驗分語文能力和空間能力二部分，在語文能力上有一個叫做詞彙流利的測驗。即1分鐘之內，把A開頭的、B開頭的，任何一個字母開頭的字盡量的講出來，結果女生明顯的比男生好，大約一分鐘

可以講到20個；男生的話，大講了5、6個就沒有了。但是男生的空間能力上是比女生好，因此老師出作業時，可以針對性別差異設計不同的作業。

我的孩子在中學念七年級的時候，一開學老師就把我們家長找去，告訴我們，班上這學期要讀14本經典好書。包含每一個宗教、每一個種族要各讀2本，而這學期要讀一本書叫做《蒼蠅王》，是1984年諾貝爾文學獎得主Golding所寫的一本書。

老師說他有20年的教學經驗，他知道男生跟女生讀完了這本書，寫出來的報告是完全不同的。為了要使男生把書讀進去，他出的作業也會不同，叫我們家長不要懷疑他偏心，因為孩子回家一定會跟家長講說：「媽媽，我的老師不公平，他對誰誰誰比較好，對我比較不好」，有些家長聽了就會生氣，甚至會去找老師的麻煩，但是先講了，打了預防針，那麼家長就了解這是老師教學的設計。

美國的孩子一般是不買書，都是跟圖書館借，但不能在書上用原子筆寫只能用鉛筆寫，學期末了以後把鉛筆擦乾淨，再把書還回去，讓下一學期的人可以再用。我覺得這方法很好，資源回收不浪費。我的孩子把書抱回家以後，我看到他把書打開來，先看誰是好人、壞人，再看這個壞人有沒有死掉？如果有死掉，就去看怎麼死的，但是

如果沒有這些，他就把書放下了。我記得那一年他們要看一本書叫做《小婦人》，女生都覺得很好看，但是我兒子就是怎麼樣都看不下去，最後來跟我講說：「媽媽，我替你洗廁所，你幫我唸這本書」，男生、女生在這方面差異真是很大。

有一天放學回家，他非常高興的說：「媽媽，我們老師對女生不好，她們要寫讀書報告，我們男生不要，我們只要把這本書看完做個模型交進去就可以了。」我就知道是老師講的《蒼蠅王》來了。

接著4個男生約到家裡來，把我泡茶的茶盤拿出來，將一卷衛生紙丟到水裡面去，撈出來，就做成一座島的模型了。他們把書打開一看，沒有地圖，所以得看書尋找資訊，學生也很精，這本書200頁，我們為什麼要每個人都看？把書分成4部分，每個人只看50頁就可以了。看的時候，他就看得很仔細了，因為要畫座標，不能夠像以前一樣隨便跳過去。

看完了以後，他們又聚在一起討論做島的模型，這時候就發現有矛盾的地方，因為這本書不是給你做地圖的，作者寫到後面就忘了前面寫什麼了。看前面的人說：「水源在西邊，因為他早上去找水，太陽從東邊出來，影子朝西」，後面的人說：「不對不對，我看的不是這樣子」，所以他們就變成前面要看後面的，後面要看前面的，來來回

回看了三遍以後才把地點決定出來。令人驚訝的是他們報告交出去以後，還是非常的高興，覺得老師對我比較好，沒有叫我寫報告。這就是老師厲害的地方，叫學生做了而他不覺得他有做。

這方式最大的好處是什麼呢？因為他是真正動腦筋去讀的，所以有讀進去。10年以後，我孩子已經去美國念大學了，台灣的出版社要把《蒼蠅王》這本書重新出版，請我寫推薦序。我就想起以前這件事情，打電話去問我兒子說：「你還記得《蒼蠅王》這本書嗎？」他的第一個反應是我不喜歡這本書，可是你問他裡面的細節，他通通還記得，因為他是真正動腦筋去讀的。

所以教男生、教女生的方式不一樣，因為他們的偏好是不同的。偏好不同時，看到的東西當然不同。你會發現夫婦二人去逛街，太太看到都是衣服，先生看到都是運動的器材或美好檳榔攤，所以如果能夠知道孩子天性上的不一樣，因材施教，效果自然就好了。

30 | 孩子如何直面霸凌

家長只要看到孩子恐懼上學，就一定要細細的問出來為什麼
並替他解決這個問題
家長平日要教孩子社交的技巧，並沙盤演練
出奇不意常可以致勝，同學和睦相處還是最重要的

霸凌是個很不好的事情，但是我們在成長的過程裡或多或少都有
碰到。一般來說，個性內向、易焦慮、沒有朋友、常落單的孩子，容
易被人霸凌。

霸凌的人可分為三種：一種是他去欺負人家，把他自己的怒氣發
在別人身上，打別人來出氣，這種孩子長大成熟一點以後，知道這種
行為是社會不接受的，會被同儕看不起的，為了交到朋友，他這方面
就會收斂一點。第二種，是很有自信心、但沒有同情心的人，在學校
裡常會看到這種功課很好，自己很強所以看不起弱者，會去霸凌比他
弱的人。最糟糕的一種的就是他霸凌人家，但回到家時，他又被比他
強的人霸凌，例如：父母親、哥哥或是住在家裡比他高大的人。這種
情形最糟糕，因為心態的不平衡，以後很容易有心裡上的毛病。這種
孩子多半在學校裡是功課不好，情緒控制也不好，長期的心理不正
常，才形成精神上的疾病。所以在研究上看到，第三種人長大後容易
罹患憂鬱症、焦慮症或自殺傾向。

有一個研究是給這三種類型的孩子看學校裡一個孩子被同學霸凌
的短片，看完時讓他們講出心裏的感覺。結果發現所有的孩子都對被

霸凌的孩子表示同情，都說霸凌很不好，應該有人出來主持正義。但第二種霸凌的人，雖然覺得霸凌不好，但是他覺得這些人活該，誰叫他那麼弱，不會起來反抗？最糟糕的就是第三種，自己霸凌人家，但回家也被別人霸凌，這種人一方面覺得霸凌不好，一方面又覺得誰叫他很弱，活該，但是他馬上會想到，我自己也是被我的哥哥打、被我爸爸、繼父、叔叔、母親的情人打，那這是不是表示我就是弱者，應該被打？他在這裡會有情緒上、認知上的不平衡，就像社會上一直看到欺軟怕硬，柿子撿軟的吃的不公平現象。

那麼，父母親應該怎麼辦呢？我還在加州大學的時候，我們所裡面要聘請一位老師，來應徵的人很多，最後有三個人進入決選。其中那位名校畢業，研究表現最好的第一名，大家沒有投給他，而投給了研究表現不是那麼好，但是人緣好的第二名的人。因為在面試的兩天裡，他跟所有人都有說有笑，所以大家最後決定找一個可以共事的人，就投給了他。

有一天我們吃飯的時候，他自己說：他在14歲以前住過美國十六個州。我們聽了很驚訝，這表示他是不停的搬家，有一個嘴巴比較快的同事就說：「你爸一定是賭徒。」因為在美國，會不停的搬家的，多半是躲債、逃避法律制裁的人。我們都很吃驚這個人說話沒禮貌，想不到他沒生氣，直接說：對，我爸就是賭徒，他每次都發誓：「我若

再賭，就把手砍掉！」可是他每次都還是繼續賭，別人來討債時，就只好連夜搬家，所以他每個地方住不了幾個月就得搬。有人問他：如果你不停的搬家，為什麼你沒有我們像一般看到的，每進到一個新環境時，會被別人霸凌呢？他說，他的母親非常能幹，每到一個新的地方就替他開個小小的party，在美國開party很簡單，買一些汽水，烤一些蛋糕和餅乾就可以了。他母親會把附近的孩子都請來，仔細觀察誰是這個社區的孩子王，看準了以後，就去跟那個孩子說：「你只要每天早上上學時到我家來，帶我的孩子一起去上學，我就每天烤一個巧克力餅乾給你吃。」對美國孩子來講，走路去上學，繞一點路不會有什麼問題，但是有新烤的餅乾可以吃，他就會來家裡帶他一起去上學。

你知道，當你是個新生進入一個新的環境時，別人會捉弄你、歧視你，但是若你是跟著老大一起進來，別人不知道你跟老大的關係，就會讓你三分，所以他很快的就融入了新的社團。

在美國最大的考驗是在吃午飯的時候，因為人緣不好的人，通常沒有人會跟他同一桌，要獨自吃午餐，而他有老大一起坐，旁邊一定有拍捧老大的同學，他就從來沒有單獨吃飯了。

我們也很好奇，一般來講，孩子換到一個新的環境會沒有安全

感，為什麼他不會？他說他母親每次搬到新的公寓時，第一件事就是把縫衣機拿出來，把窗簾換成跟他的床單同樣的花色，就是星際大戰的圖案。美國孩子都喜歡星際大戰這個電影，他母親買了整匹布來做床單和枕頭套，並且把新的窗簾掛上去，因為窗簾是一個房間裡最大的裝飾，孩子常常睡到半夜會醒來，醒來的時候如果是一個陌生的環境，會心生恐懼。但是孩子醒來，眼睛張開是個熟悉的圖案，他就會再回去睡覺。他的母親並非心理學家，卻了解孩子需要安全感，很多小孩子要抱著已經破舊的洋娃娃，或者是拖著一條小被單不放手，那就是需要安全感，他的母親用這個方式就維持了他的安全感。

所以一個孩子在成長的過程裡，如果對自己很有信心，能交得到好朋友，那麼他在班上就不太會被別人霸凌。中國的俗語說「單絲不線，孤掌難鳴」，是有道理的。

假如你的孩子是個轉學新生，第一天去上課，別人要來惹他的時候，你要教孩子的第一件事，就是直視那個人的眼睛，對他說：「我不犯你，你不犯我，如果你來犯我，我必犯你。」要讓別人知道他是不可以被欺負的。

我有同事的孩子轉學到一個新的學校，有人扯他的書包、丟他的書本。他就一把把那個人領子抓起來，直接把他推出去，直接反抗。

講起來，這個孩子個頭小，真要打架，他是打不過那個人。可是對方驚訝，沒有想到這個新來的小子，居然不接受人家的欺負，一時未準備好，便被推了出去，後來別人也就不去惹他了。

也有位朋友的孩子一學期換了三個書包，因為總是有人把他書包拿來當球踢，或剪斷書包帶子。剛開始，這個朋友想說「退一步海闊天空」，以和為貴，想說算了息事寧人。但斷了第三次的時候，他覺得不可以再姑息下去了。他請老師找了對方的家長來，要他賠一個新書包，幸好對方的家長也懂事，回去約束自己的孩子不可再犯，後來就沒事了。所以一開始就要讓對方知道，自己是不可欺負的，不然食髓知味，別人看你好欺也來欺負，就沒完沒了了。

不論對方的家長怎麼樣兇，你一定要替你的孩子出頭，讓對方知道你不可以再欺負我的孩子，孩子也要在第一時間讓對方知道，我就是打不贏，我也不會讓你欺負。

所以家長只要看到孩子恐懼上學，就一定要仔細的問出原因，並替他解決問題。家長平日要教孩子社交的技巧，並沙盤演練，一旦事情發生的時候，這個沙盤演練過的效果就會展現出來。不管對方多高大，出奇不意常可以致勝，在班上能交到好朋友，跟同學和睦相處是最重要的。

31 | 如何培養責任心

培養責任心的第一步是劃分權限
責任區劃分清楚，孩子去執行就不會有糾紛
一個行為要持續，還得孩子認同這是他應該做的
維持一個好的友誼也是一種責任

　　我們評估一個孩子長大了沒有，通常是看他能不能為自己的行為負責，比如說自己的功課自己做，自己的房間自己收拾。

　　責任心是社會對一個成員的基本要求，一個好的公民需了解自己職位上應負的責任。當兵的，有保護國家的責任；做老師的，有教育學生的責任；做官的，有為人民謀福利的責任……。最有名的一句話便是1805年Trafalgar戰役中，英國海軍中將Nelson的那句「England expect everyman to do his duty」，這句話喚起了英軍的責任心。最終他們以寡敵眾，27艘英艦對上33艘法國和義大利的聯軍，結果對方沉了22艘，英艦一艘也沒沉。

　　這個責任看似簡單卻很難教，不然也不會有「好漢做事好漢當」這句話了。很多人平時看似好漢一條，但是一旦闖了禍，馬上變回小孬孬，逃回家去找父母保護。那些酒駕肇事逃逸，逃回去家中找別人頂替就屬這種人。而且社會上這種人很多，所以我們提出來談，免得積非成是，讓孩子以為這種行為是正常的。

　　在二十一世紀，社會對責任的要求比過去還更多，因為現在網路

世界，電腦犯罪的花樣防不勝防，一不小心，就會替自己或公司帶來滅頂的災難。曾有一個犯罪集團利用英文字母不同字體（Font）的稍微差異，將網址中英文的某一個字母更改，這很難察覺，但對電腦，不同字體便是另一個帳戶，負責匯款的人沒有看出英文字母上的差異，而將款項匯入錯誤的銀行，使對方詐欺得手。

工作中不但要求盡責，還要求當責（accountability）講求效果。也就是說，過去做一天和尚撞一天鐘就夠了，人坐在辦公室，長官來點名，有到就算負責了。但現代是不夠了，不但要撞鐘，還得確定鐘有響，不只是去郵局寄掛號信，還得確定對方有收到才行。最近台鐵幾個重大車禍，死傷無數，出事原因令人感嘆，因為它是可以避免的，事件的發生就是俗語說的：「螺絲鬆了，螺絲掉滿地」，是該負責的人沒有盡到他的責任。父母一定要從小培養孩子的責任心，長大才能成為有用的人。

培養責任心的第一步是劃分權限，責任區劃分清楚。孩子去執行就不會有糾紛，否則老實的多做，靈巧的乘涼，會造成三個和尚沒水喝的現象。而責任的分配要剛剛好，不能超越孩子的能力。《菜根譚》中說「攻人之惡，毋太嚴，要思其堪受；教人之善，毋過高，要使其可從。」要求太高，孩子達不到目標，他會因失望而放棄；要求太低，有做跟沒做沒差別，就失去意義了。

要持續一個行為，這個行為必須能為孩子帶來成就感。我看到一個媽媽，飯後在桌上切水果，每切一塊，她三歲的寶寶便會拿去先給沙發上的爺爺、再給房間裡的奶奶、寫功課的姐姐，最後他才自己吃。每個人都向他道謝，所以他做得很有成就感，很開心。這一方面是訓練責任，另一方面是教了他長幼尊卑。我知道這個孩子長大一定是個知倫理、有責任心的人。

　　父母還要告訴孩子，享有權利，就必須盡義務，使他心甘情願去做。若孩子不甘願，需要大人每天催促，這就會破壞家庭氣氛。很多孩子沒有養成責任心，因為父母沒有徹底執行考核，沒做好也沒關係，這樣自然就怠惰了，目前所看到的很多遇事就逃避的現象，這就是因為孩子小時候闖禍了。父母出面善後，沒有養成他面對自己過失，坦然接受行為後果的懲罰，例如打破了別人家的玻璃，父母沒有讓孩子從零用錢中拿出來賠，慢慢就養成闖禍沒關係，反正父母會處理的不正確心態。

　　在執行上有一些細節父母要注意，父母要先示範給孩子看，讓他知道做到什麼地步才算通過，然後徹底考核他的工作。只要一開始考核得詳細，孩子很快學會這個SOP，以後就不再需要大人來檢核了。另外當孩子做不好時，不能先開罵。曾有一個五歲的小男孩不小心打破雞蛋，傭人正要來收拾時，母親阻攔了，母親並沒有罵孩子，因為

孩子手小握不住雞蛋，他不是故意的。母親對孩子說，當一個東西比你的手掌還大時，你要用二個手握著，這樣教導就可避免這個行為不再發生，因此教導比責罵還重要。然後跟孩子說：你弄髒了地板，你現在要把地板弄乾淨，因為佣人阿姨今天已經清理過地板了，這次的髒不是她的責任。因為母親是好好的講，沒有罵，孩子就不會因害怕挨打而先哭，或先找理由說地板太滑害我摔跤、或是別人推我害我鬆手……而推諉責任，他乖乖的拿紙巾把蛋黃蛋清包起來丟掉。

所以孩子會說謊逃避責任，主要是怕挨打，以為「把它掃到地毯下面」，別人看不見，就不知道，自己便不會挨罰了。因此，父母訓練孩子負責時，第一要讓他知道人都會犯錯，只要不犯第二次錯就沒有關係，告訴他只要從這個錯誤中學到經驗，這個錯就沒有白犯，他就敢負責了。

愛因斯坦說過，一個從來沒有犯過錯的人，就從來沒有嘗試過新的東西。其實，只要不打罵，孩子是不願意說謊騙人。他們會說謊，主要是怕挨打，而這要怪父母，因為很多父母會說只要你講實話，我就不打你，但是孩子一講實話，巴掌就下去了。上過一次當，第二次他就不再相信父母的話了，免得皮肉遭殃。

除了允許孩子犯錯之外，還要讓他知道唯有面對事情才可能解

決，因為只有面對，才知道錯在哪裡，才能找出補救方法。所以養成孩子負責任的態度，第一是讓他知道哪些是他應該負的責任，確定責任的大小是在他能力範圍之內，第二則是獎懲分明。

除了做事情上的責任，維持一個好的友誼也是一種責任。請告訴孩子人道酬誠，言而有信很重要，不隨便答應自己做不到的事，也不要交不誠實的朋友。如果孩子喜歡某個人，而那個人不想跟你的孩子交朋友時，要教孩子不可用糖果禮物去買友誼，友情不可勉強，教他另外找朋友玩。

人的一生必須扮演各種角色，每種角色都有它特定的責任，因此從小教導孩子如何去面對責任，對他一生都會受用不盡。很多人不喜歡美國的杜魯門總統，但是我很欣賞他，因為他辦公桌上有塊木牌上面寫著："The buck stops here"，責任到此，不再推卸。

一個負責任的人，不管他是誰都值得尊敬。

32 興趣和天賦

家長對孩子的支持是非常的重要，每個孩子都有天賦
我們要做的就是放手讓他去做，支持他
世界上只有一種成功
就是以自己喜歡的方式去過一生

　　怎樣知道孩子的天賦和興趣在哪裡？天賦和興趣是一體的兩面，有天賦的事孩子會做得好，做得好就有自信，就容易產生興趣；有興趣一直做下去就離成功不遠。就是這個道理，所以父母都想盡早知道孩子的天賦在哪裡？才好去培養他，使他成功。

　　但是孩子太小，還不知道他的天賦和興趣在哪裡，等不及的父母便送他去各種不同的才藝班，看看最後留下來的是哪一種。這種淘汰方法會浪費很多時間和金錢，而這些時間本來可以讓孩子去遊戲，或留在你的身邊，學習你的待人接物，尤其遊戲是對孩子大腦發展的重要性，所以上述方法實在不可取。那麼，要怎麼才知道孩子的興趣在哪裡呢？

　　我們只要去觀察他平常遊戲時玩的是什麼就知道了。孩子在遊戲的時候通常不會選擇讓他產生折挫感的項目，一定是去玩他最拿手、最能給他自信心的東西。所以你只要注意孩子玩什麼遊戲時，最全神貫注的，那肯定就是他的興趣所在了。

　　過去教育著重在截長補短，要孩子改正短處，其實這觀念是錯

的，因為所有人每一天都只有24小時，如果你花大部分的時間在改正孩子的缺點和弱點上的話，你會流失很多親子之間快樂的時光，使你很辛苦，孩子也很不快樂，一個整天在花園裡面拔草的園丁，是種不出美麗花朵來的。

　　心理學以前的研究是著重在變態或精神的疾病上，為什麼會突然轉變呢？這跟被稱為正向心理學之父的馬丁・塞利格曼有關。有一天他帶五歲的女兒在院子裡拔野草，因為美國人非常在乎門口的草皮綠不綠，貴為教授的他也只好蹲下來做工。但是要小孩子做這些無聊的工作，當然是邊拔邊玩。馬丁看到女兒拔了一棵蒲公英種子在那兒吹，就非常的生氣；因為蒲公英的種子像棉絮一樣到處飛，落下去以後會長出無數的蒲公英來，拔草就是要除掉這些野草，妳這樣吹種子，不就長出更多蒲公英來嗎？所以他就開罵。

　　他的女兒靜靜聽著爸爸罵，沒有講話，等他罵完了以後，孩子說：「爸爸，你有沒有想過，你每天罵我、糾正我的錯誤，我長大後，了不起是一個沒有過失的女孩，但我也會是一個沒有長處的女孩，因為你從來沒有看到我的長處在哪裡。」馬丁非常吃驚，他從沒想過，當我們一直在改正孩子的缺點時，卻忽略了孩子的優點，即使最後孩子成為一個沒有缺點的孩子，但是他也沒有任何的優點，因為他沒有時間去發展他的長處。所以他就轉去研究正向心理學，看什麼

可以使人快樂有成就。

　　每個孩子都有自己的天賦與能力，只是大人習慣用現實的觀點去框他，使這些不符合框架的孩子自卑，對自己沒有自信，長此後就不喜歡學習了。很多不會讀書的孩子在其他地方有很大的長處，如果讓他去發展他的長處，他可能會成為那個領域的奇葩。

　　比爾‧蓋茲成名之後，他的父親每次去菜市場買菜，都會有人問他說：「你是怎麼教小孩的，教得出這麼傑出的孩子？」他的父親說：「我也不知道，我就像你們一樣教育孩子。」別人以為他藏私，孩子成功了，卻守著秘密不肯教，被罵得狗血淋頭。不得已，他寫了一本書回顧他孩子怎麼成長的過程，他說他是西雅圖的一個律師，平日很忙，但他盡量回家陪家人吃晚飯，參加孩子的活動。他說being there，就是在場出席，做孩子的後盾，支持孩子的課外活動。

　　他回想比爾‧蓋茲十二歲的時候，他帶孩子去迪斯奈樂園玩，孩子的祖母給了每個小孩20塊錢的零用錢，他注意到大女兒把20元拿去買了個小本子，在迪斯奈樂園花的每一分錢都詳細記錄下來。在回家的路上，她把小皮包裡的錢倒出來數，然後把本子上花的錢加起來，用20塊去減，結果數字是完全密合，他看了非常的吃驚，就跟他太太講，這個女兒以後長大一定是個會計師，果然她長大以後成為

一個會計師，後來替比爾・蓋茲管帳。所以你只要觀察，就可以看得到孩子的能力在哪裡。

另外家長的支持很重要，不要孩子想做什麼事情就潑冷水，說這個不能成功、那個不可能賺錢……，作家、畫家、藝術家都是餓死的，但是假如你孩子能寫得出像《Harry Potter》這樣的小說來的話，她可是比英國伊莉莎白女王還富有呢！

人生最幸福的就是做你喜歡做的事。有人付錢給你，還要求著你做，有一個人就因此成為美國太空總署的第一個總工程師。

1956年俄國發射第一枚人造衛星，當它飛過美國天空時，Virginia鄉下有個孩子抬頭看到了，就決定自己以後也要去發射火箭。但是在窮鄉偏壤哪有人知道該怎麼去火箭呢？他碰到一個好老師，老師去郵購買書，讓他自己去研讀。因為有興趣，居然讓他讀懂了，動手製造出可以飛的火箭來了。但是發射火箭需要燃料，如果燃料的力道不夠，火箭射上去很快就掉下來了，所以他用零用錢買了一包黃色炸藥，把炸藥跟泥巴混在一起，想烤乾後作燃料。但是什麼地方可以最快把燃料烤乾呢？他想起地下室有個熱水爐，爐底下是熱的，應該比較快乾。沒想到，烤乾以後，熱度把炸藥引爆了，把熱水爐也炸掉了。熱水爐很貴，他嚇壞了，躲在外面不敢回家。但是天黑

之後肚子很餓，最後還是硬著頭皮回家，他以為一定會被挨打，沒有想到他媽媽跟他說：「我早就跟你爸講，我們要換這個熱水爐，他都不聽，現在他必須去買一個新的了」。母親的支持使他敢放手去做。他在高中時參加州裡舉辦的科展拿到第一名，憑著科展，拿到獎學金，進了Virginia的大學，進了大學以後，視野展開，他的人生就不一樣了，成就了以後的他。

所以家長對孩子的支持非常的重要，每個孩子都有天賦，我們要做的就是放手讓他去做，支持他，任何領域不管多冷門，只要你是這個領域最頂尖的人，那你一定有飯吃，世界上只有一種成功，就是以自己喜歡的方式去過一生，了解到這一點，大家就知道該怎麼做了。

33 | 惡作劇不可取

「己所不欲勿施於人」，
不要把自己的快樂建立在別人的痛苦上
教養孩子不捉弄人、不隨便開玩笑唯一的方法
多讓孩子去體會各種被人捉弄的痛苦，感同身受才會杜絕

　　美國朋友轉發給我一個新聞：一名男子去上班時，看到上司放在他桌上的粉紅單（pink slip，解僱通知單），他很驚訝，因為覺得自己並沒有犯什麼過錯，怎麼會被解僱？但因為疫情的關係，景氣不好，可能公司沒有辦法再雇用他，他便沒有去問，只好自嘆倒霉，收拾收拾自己的東西回家去了。過了二個小時，上司打電話來問他：你怎麼還沒有來上班？他才知道原來那天是4月1日愚人節，上司給他開的玩笑。他大怒，人不能拿別人的生計開玩笑，這種玩笑真是太沒有同理心了。想想那些上有老下有小、有房貸車貸學貸的人拿到pink slip心中是如何的恐慌和焦慮？他越想越覺得上司這個玩笑太過份，便告到大老闆那裡去，結果大老闆請他的上司走路，因為會開這種玩笑的人是沒有EQ的人、不知輕重的人，這種人不能作領導。

　　台灣也有很多類似這種沒有品味的惡作劇，有些甚至造成受害人終身的遺憾，所以我們來談談如何教導孩子，不去捉弄別人，也不要被別人捉弄。

　　捉弄分開玩笑和惡作劇二種，從名詞上就知道惡作劇更不可取，因為這個「惡」字就已經顯現出它的不當了。我們最常看到的捉弄是躲

在門背後，當別人進來時，跳出來，嚇他一下。這個看起來好像無傷大雅，但是也實際出過人命。

我的朋友過年回老家時，因為人多，她和女兒被分配去跟太婆睡。年初一的晚上，太婆喝了點酒，不勝酒力，便提前回房去睡覺。她哥哥的兒子躲在門後要去嚇她的女兒，看到門開了，便從門背後跳出來嚇人，沒想到進來的不是她女兒，而是太婆，老人家嚇一跳沒站穩，倒下去，頭碰到旁邊的五斗櫃就過世了。

其實被嚇的感覺並不好受，心會狂跳，交感神經瘋狂活化，人會久久透不過氣來。至於嚇人的人，好像也沒得到什麼樂趣，因為別人不是被氣哭，就是要打他，甚至暗暗記恨，君子報仇十年不晚，所以何苦替自己結仇家？這種損人不利己的事，絕對應該少做。

「己所不欲勿施於人。」不要把自己的快樂建立在別人的痛苦上，既然雙方都沒有什麼快樂可言，它更是不值得做，不要鼓勵孩子去捉弄別人。

現在另有一種趨勢，當一句話或一件事做得不好，別人生氣時，就馬上改口說「我是開玩笑的啦！」藉此規避自己不當言行的責任。這種人往往還大言不慚的說，某某人心胸不夠大，開不起玩笑，好像是

別人的錯似的，這也是非常不可取的行爲。

　　惡作劇又比開玩笑更壞上一層，這種實際動手的壞行爲已經造成好幾個悲劇了。例如台灣南部有個國中生，把一把剪刀豎立在前面同學的椅子上，上課時老師進來，班長喊：「起立，敬禮，坐下！」時，同學一坐下來，剪刀刺入他的肛門。闖禍的同學嚇得渾身發抖，說他不知道後果這麼嚴重，但是這個無知的後果，害得受害者終身掛尿袋。另外也有一個同學趁班長喊口令：「起立，敬禮，坐下！」全班站起來時，拉開他前面同學的椅子，讓那位同學一屁股坐在地上，折斷腰椎，終身坐輪椅。還有同學在走廊上揮舞美工刀，一刀刺死經過的英文老師；更有無聊的同學將柳丁從二樓丟下打人，結果將經過的同學一隻眼睛打瞎。這種例子不勝枚舉，學生說只是開玩笑，但是這個後果是害得別人受一生的痛苦。要避免上述的悲劇，父母要教導孩子，凡是不該做的事都不要做，凡是不該講的話，不要講。

　　迪士尼的卡通電影「小鹿斑比」中，小兔子Thumper的媽媽對她說：If you have nothing good to say, don't say it.如果開口沒有好話，就不要開口。也就是說，不說話，別人不知你的底，一開口，就洩了底了。因此，在人多的場合，尤其自己相較別人是年輕職位低的新進者，最好多聽少說。若要說話，在心中先打個底，先沙盤演練比較有效。因爲演練可以活化實際說話時同樣的神經迴路，心中多練習幾

遍，使那句話的迴路因反覆活化而連接得比較緊密，再開口說話就不會結結巴巴、吞吞吐吐，不夠大方了。在說之前一定先確定對方的身份，不要觸及別人的隱私或傷疤，所謂罵人不揭短，說話厚道些總是好的。

以前的人把說話刻薄，喜歡賣弄口舌的人叫「貧嘴」，一般人都不喜歡貧嘴的人。以前有人替我姐姐作媒，先前我媽媽都同意了，後來聽說這個人貧嘴，我媽媽就立刻拒絕了這個婚事，因為家中若有貧嘴的人，會鬧得整個家族不安。可見大家對尖酸刻薄的說話方式有多反感。

不幸的是，現在的社會流行名嘴、網紅謾罵來譁眾取寵，使孩子也學會了嘲諷的說話方式，還沾沾自喜的說，我就是「語不驚人死不休」，其實這完全誤用了杜甫的名句，這些名嘴不讀書卻教壞了孩子。

事實上，一個玩笑要開得好，真的不容易，你必須對對方的家世、生活習慣知道得很清楚，開的玩笑才會恰當。而知道得很清楚就表示兩人交情匪淺。亞里斯多德曾說過：「好朋友是住在兩個身體裡的一個靈魂。」既然如此，開朋友玩笑等於是開自己玩笑，就沒有這個必要了。

歷史上，玩笑開得好，大概只有蘇東坡和佛印。或許各位都知道「大風吹不動，一屁打過江」這個笑話；蘇東坡在佛學上的修養當然是不及佛印，但是在北宋因政治不清明，很多學者用禪來減輕心中的無奈與痛苦。蘇東坡有一天寫了一首詩「稽首天中天，毫光照大千，八風吹不動，端坐紫金蓮」，寫完很得意，派人送過江給在金山寺的佛印看。佛印看完在詩上寫了二個大字「放屁」請書僮帶回，蘇東坡一看大怒，有道是文章是自己的好，太太是人家的好，立刻坐船過江找佛印理論。但是佛印知道他會來便立刻出遊，避開跟他見面，蘇東坡到此時，只見大門深鎖，門上貼了「八風吹不動，一屁打過江」。

　　照說批評人家的文字不可以刻薄，不過因為佛印是禪師，禪宗講究的是當頭棒喝，所以他寫這個不雅的「放屁」才沒有被人家罵。一般來說，這二個字不登大雅之堂，不可以用來批評別人的文字，總之，捉弄別人是不厚道的事，連在別人背上貼「我是傻瓜、我是豬」這種都不好。因為損人不利己，父母可請孩子靜下心想一想，如果今天是自己被別人在背上貼紙條，他是什麼感覺？

　　同理心是目前教養孩子不捉弄人、不隨便開玩笑唯一的方法，平日有機會時，請多讓孩子去體會各種被人捉弄的痛苦，只有感同身受，才會杜絕這些無厘頭的無聊惡作劇事情。

34 | 無畏挫折

父母在對孩子的功課表現皺眉時
請記住孩子出社會所要用到的知識還未發明
他要從事的工作也可能還未出現
不因學業成績去打傷孩子的自尊和自信，造成孩子對學習的恐懼

　　人生不可能沒有挫折，老子說：「禍兮福所倚，福兮禍所伏」，人生不如意事，十之八九，人生的遭遇就像一條繩子，交織著幸與不幸、歡樂與痛苦。西諺說的好，一個有意義的生活一定是個有壓力的生活（A meaningful life is a stressful life），少年時不流的汗，到老的時候會變成淚流出。

　　挫折就是機會的另一面。所謂塞翁失馬，焉知非福，對於挫折，父母首先要教孩子的便是：主控權的重要性。凡事爭取主控，就不會受制於人，一個天天待在家裡的人，固然沒有任何挫折，但他也不會有任何成就，如果做與不做都是50%的機率，那麼要採取「做」，因為一動，機率就改變了。所以教挫折就是教面對人生的正確態度，人生沒有十全十美，痛苦是必然的，但是要不要受苦自己可以選擇。

　　對於還沒有出社會的孩子來說，他們面臨的挫折大部分來自交友和學業。人是群居的動物，同樣屬於群居的蝙蝠，牠若被逐出團體就會死亡。所以朋友對我們來說是必要的，但是在交友上常常發生「將心比明月，明月照溝渠」的傷心情況，我們要告訴孩子，友情不可勉強，不可強迫或收買友誼。交友最傷心的事便是背叛，被自己最信任

的朋友出賣，但這是沒有辦法之事，因為人心會變。我們在第一單元就談到大腦會不停的因環境改變而改變，大腦改變了，人的態度自然也變了。孩子常常發現，在經過一個漫長的暑假，三個月不見後，原來的好朋友現在不理他了，改與別人做好朋友了。這是因為朋友在暑假期間接觸到不同的人，受到新朋友的影響，觀念或行為改變了就漸行漸遠了，這是不可避免的事。清初的納蘭性德說：「等閒變卻故人心，卻道故人心易變。」大腦的改變是必然，友情的改變也就可以了解了。好在天下人那麼多，合則來，不合則去，這本來就是我們交朋友的基本理念，不必難過。

但是要告訴孩子不要去攀交，也不要看不起不如你的人，因為時間會改變一切。童年看不起的同學，長大後可能是你孩子的校長。父母不可能陪伴孩子一輩子，因此不妨幫孩子交到一生的好朋友，減少他人生的挫折，下面就來談一下如何靠正確的人生觀，找志同道合的終身朋友。

第一，我們告訴孩子，挫折是本份，順利是福份，要以平常心接受變化，當他學會遇事不抱怨時，朋友就會多起來，貴人也會出現，自助、人助、天助是個千古不變的道理。

美國布希總統的國務卿萊斯C.Rice小時候家裡很窮，有一天她

放學回家看到街上一些傢俱很面熟，一看，原來是她媽媽沒有錢交房租，被房東趕出來了。她當下大哭，說要輟學去打工賺錢，但母親告訴她：「沒有房子住一樣可以讀書，但是不讀書，一定沒有房子住」。她發憤圖強努力讀書，自助後就會有人助，申請到獎學金，從哈佛大學畢業，做到了美國第一個黑人國務卿。她母親的觀念正確，讓她知道目前的挫折不算什麼，因為她有遠大的理想要去實現。

人在挫折時最需要的便是一盞明燈。當一個人心中有理想時，所有的辛苦和挫折都可以忍受。事實上，孔子很早就告訴我們，顏回「一簞食，一瓢飲，在陋巷，人不堪其憂，回也不改其樂。」因此對付挫折最好的解決方法，就是一個可以達到的理想目標。成就感必須是自己腳踏實地去努來賺來，別人再怎麼誇你，如果你名不符實，你心裡也會不踏實。

至於功課帶給孩子的挫折，這解藥就完全在父母身上，只要父母不在乎成績，功課對孩子就不是壓力，沒有壓力也就沒有挫折，皮之不存，毛將附焉。

父母如何看破成績的魔咒呢？第一，認清考試只是評量的一個方式，不是唯一的，更不是最好的方式，很多真正值得在乎的東西是考不出來的，相信出社會的父母一定很清楚這一點。曾經發生的台大女

生宿舍事件就是一個例子。有兩個台大的女生因生活習慣不合，甲女把室友鎖在門外，敲門不應時，乙女只好去找舍監處拿鑰匙開門，但她去還鑰匙時，甲女又把乙女鎖在門外，甲女於是被乙女被告了上法庭。法院判甲女賠乙女二萬多元，因為台大是目前台灣最好的大學之一，因此這個甲女幼稚、乙女自私，兩人鬧上公堂的新聞讓很多父母震驚，也了解了成績不代表成功，能跟別人好好相處才是重要。相信如此自私和幼稚的大學生是沒人敢僱用的。

父母在對孩子的功課表現皺眉時，請記住孩子出社會所要用到的知識還未發明，他要從事的工作也可能還未出現，不要因學業成績去打擊孩子的自尊和自信，父母千萬不要成為孩子挫折的來源，因自己的錯誤觀念而造成孩子學習的不快樂。

美國Buffalo大學的長期追蹤研究發現，如果是中度的挫折，其實對人來講是最好，中度挫折會給你動力，使你把自己變得更好。人生有一些創傷、有一些不順利，其實對這個人是好的。很多年以後實驗者再去問這些當初參加調查的人，問他：你最近有沒有碰到什麼焦慮、不愉快、壓力的事情？結果發現那些曾經受過壓力的人，對於新發生的壓力反應比較沒那麼強烈。而那些少有不愉快經驗的人，碰到壓力後，很容易落入憂鬱症的深淵。所以他的結論是：不好的事情其實對人是有保護的作用，這個對人的保護作用超越種族，而且不

管年齡，都是一樣的；跟你的教育、收入、做什麼工作、結婚沒有，都沒有關係。也就是說，你生活裡面最困難的事情，常常是使你變得更強、更好的一個機會。尼采說：「那個殺不死我的，使我變得更堅強。」就是這個意思。有過不好經驗的人，更能夠忍受別人不能忍受的苦。

2019年美國教育的白皮書曾提出了6個C，即Collaboration（合作）、Communication（溝通）、Content（內容）、Critical Thinking（批判性思考）、Creative Innovation（創新）、和Confidence（自信）。其中孩子有知識，才能做出批評性思考，有了批評性思考才知道哪裡對錯，提出革新，有這些能力的孩子就會有自信，只有自己努力賺來的聲譽才是真正的成就。

35 | 典範的價值

教養的目的在培養孩子健全的人格，但是品格很抽象，父母常不知從何著手，孩子也不知道究竟什麼才是完美的人格。我在一所以完人教育爲宗旨的大學教書，每每問起學生什麼叫「完人」時，學生都不太能說明，都是說：就是大禮堂兩邊貼的那個「養天地正氣，法古今完人」的完人，也難怪他們說不清，因爲的確太抽象了，因此，最好的方法便是提供孩子典範，用實際的例子讓孩子去模仿。

典範有二種，一種是生活中的典範，那多半是父母長輩日常生活的所作所爲，孩子看在眼裡自然就會做出來，這是爲什麼每個孩子身上都有父母親的影子。「家風」就是這家人做事的方式，從長輩一代一代傳下來，就形成了家風。父母千萬不可忽略自己對孩子的影響，「孩子不會按照父母想像的樣子長大，而是會按照父母本身的樣子長大」。家庭是孩子第一個學習的場所，父母是孩子最初的老師，父母就是孩子第一個典範。

另一種典範來自書本，透過閱讀先聖先賢的事蹟，讓孩子了解，比如說：文天祥、岳飛爲什麼會名垂千史，秦檜、汪精衛爲什麼又會遺臭萬年。一本好的書或一篇好的文章，對心智純淨的孩子影響是

超越我們想像的。我們小學時候的國語課本有一課叫「武訓興學」，課文一開頭說「莫嘆苦，莫愁貧，有志竟成語非假，鐵杵磨成繡花針，古今多少奇男子，難得山東堂邑姓武人，武先生單名叫做訓，兄弟早死，父母已不存，沿門托缽受苦辛，他見邑人知識淺，少年失學是原因。」我會寫這一段出來是因為在畢業六十年的小學同學會中，當一位同學一時興起，上台念了上面那幾句時，全班都接著背出來，表示大家都還記得這個課文，著實令人驚訝。交談之下發現，我們這一班從事教育或捐錢作教育，很多竟然都是受了小時候念了這篇文章的影響。

回想起來，這篇課文帶給我的第一個影響，就是原來鐵杵可以磨成繡花針，原來只要鍥而不捨就會成功。課文說武訓靠乞討創立了三個學校，教育了一千多名山東的苦孩子，他的那句「但願養我志，何須養我身」也令我們非常感動，大家立志去作教育。

典範的影響是無形的。馬來西亞各地的獨立中學都是華僑捐建的，因為福建的孩子能念書受教育，很多是受惠於南洋的富商陳嘉庚，他建立了集美中學和廈門大學，陳嘉庚的榜樣，使南洋華僑多年來持續捐款，支持獨立中學，保存海外的中華文化，典範會內化孩子的品德，成為他行為的準則。

雖然很多典範是教孩子用功讀書，但典範的作用絕不只於此，典範最大的作用，還是在鼓勵孩子有遠大的抱負和理想，一個人若沒有抱負就無法將知識發揮到極致。

　　典範不一定只限於偉人，市井小民也可成為典範，在野柳捨生救人的林添禎就是我心中的典範。其實典範最大的作用還是在教孩子行為的準則，我念初中時，父親要求我們念《古文觀止》，那時學校的功課已經很重了，母親便替我們向父親講情說：這些高中聯考不考的東西可不可以先緩一下再讀，父親一口拒絕，他說汪精衛難道學問不好？為什麼他做了大漢奸？胡蘭成不是也是才子一個嗎？為什麼會賣國求榮？學校的理化、代數不重要，重要的是有正確的國家民族觀念。不作漢奸和賣國賊，這比數學英文考一百分，你說哪一個重要？父親特別要求我們背的是一篇叫「五人墓」的文章，明朝宦官魏忠賢把反對他的人趕盡殺絕，當時為了一個暴動事件，魏忠賢的黨羽要屠城，這五人為救求全城性命，慷慨就義。父親說這五個人是市井之徒，升斗小民，歷史上絕對不會留下他們的名字，但因為這個事件，他們名留千古。

　　榜樣不一定是大官名臣，但一定是有節操之人，這種節操很難教，但從讀好書中，自然就潛移默化而形成，這就是文天祥所謂的「讀聖賢書所為何事？」一個讀書人必須要有骨氣，不然書就白讀了。

孩子小的時候人格尚未定型，心思純淨，最容易被教化，所以孩子小時候讀的書很重要。普立茲獎得主James Michiner曾說：「一個國家的未來，取決於它的人民在少年時所讀的書，這些書會內化成他對國家民族的認同，人生的目的和生命的意義。」少年沒有世俗的包袱，又是生命的旺點，所謂初生之犢不怕虎，他們無所懼，敢去追求理想，如果在這時能給予他們良好的立志讀物，啟發他們的生命鬥志，他們會勇往直前而改變世界。

曾有一句話：「二十歲以前不是社會主義者，這個人沒有理想；三十歲以後還是社會主義者，這個人是白痴。」年輕的孩子需要引導，需要榜樣。典範就是一個成就目標，好像我們爬山，朝著山頂的目標前進就不會被岔路所迷惑，最後攻頂達成目標，典範讓我們立志，產生了「有為者亦若是」的雄心。

有個七歲的小男孩在廟口看關公戲時，太過興奮從樹上掉下來，摔斷了手，去接骨時，他很勇敢說不怕痛，護士問他為什麼不怕痛？他答：關公刮骨療傷都不痛，我這一點算什麼？他母親說，他以前打針很怕痛，呼天搶地，要四個人抓住他，但是自從看了關公戲，立志做關公後，叫他做什麼都勇敢的去做了。

有一本好書：《最偉大的世代》（*The Greatest Generation*），

我每次看，每次受感動，裡面講一個個平凡的孩子在戰爭來臨時，都能奮不顧身為國家、為理想走上戰場，捨身取義。有一個諾曼地登陸倖存的老兵在記者訪問時說：他中學時讀歷史，讀到1863年Gettysburg戰役中，Chamberland上校的勇敢事蹟。他一心想效法Chamberland，所以他在槍林彈雨中，勇敢的完成了使命。

Chamberland是緬因州的一個神學老師，他精通希臘文，受到希臘古典文學的影響，對是非和責任感有很明確的概念。在戰役中，他死守一個小山丘，當彈盡援絕時，他下令上刺刀，衝下山去作肉搏戰，他們的勇敢震撼了南軍，以為後面必有援軍，才會這樣不要命。南軍的怯戰扭轉了南北戰爭的局勢，使北軍贏得了最後的勝利。假如Chamberland沒有熟讀古典希臘文學，心中沒有知識份子應有的責任與擔當，他不可能有這種勇氣。一個讀書人敢率兵衝下山去做肉搏戰，他的刺刀刺入南軍時，他也被南軍的子彈打傷，這是何等的勇氣，這個典範給了二次大戰時那些士兵楷模，使他們在危機到臨時，毫不猶疑的去做出他們認為應該做的事。

典範的價值就在這裡，我們需要給我們的孩子「仰不負於天，俯不怍於地」的典範，成就他們的完人人格。

36 知足與感恩
在生活中尋找快樂

> 教養是個藝術，不是個科學
> 信任是教養的核心，但信任不是放任，

　　有感於時代變化太快，父母每天要面臨新的工作要求，加上生計的壓力，使得無暇照顧孩子們，除了功課以外，還有心靈上的需求。同時父母親又面臨AI時代對孩子未來就業的威脅，擔心自己教養方式不對，錯過了教養的黃金期，影響孩子以後的發展，因而產生內疚。這種內疚使父母在碰到教養的問題時容易妥協。因為沒有堅持原則，所以孩子變得很難教，同時父母的過度焦慮也影響了孩子的情緒與健康。所以我寫這本書希望讓父母了解孩子大腦的發育過程，哪些是需要注意的，哪些是不必太擔心可以忽略的；哪些是時間到了，大腦發育完成、水到渠成的。

　　總結這36個單元重點：大腦是不停的隨著環境需求而改變內在神經的連接，大腦會隨環境改變而改變，沒有「三歲定終身」，更沒有「輸在起跑點上」這回事。孩子有一生的時間來學習他所需要用到的知識，但是品格的培養卻是從小需要注意的。父母不必急著教他認字、數數、做心算，幼兒園時期應該盡量的遊戲玩耍，因為這會幫助他大腦神經的連接，更何況孩子離開學校之後，所要用到的知識還沒有發明，未來的工作形態誰也說不準，孩子只要有學習新知的能力和熱忱，父母就不必擔心。

英國有句諺語，「父母對孩子的態度決定他的命運。」如果父母忘記孩子剛出生時，我們的初衷是只希望他四肢健全，能夠平安長大。但是這個初衷在他進入幼兒園後便忘記了，我們開始將他和別人比，開始問為什麼別人會爬了，我的孩子還不會呀？為什麼別人……，一旦父母開始攀比，孩子就不快樂了。

《親子天下》雜誌曾經做過一個調查，發現國中生「最希望的是不要補習、父母能留在家裡陪他」，「最痛恨別人家的孩子」，因為父母不停的把他和別人攀比。俗語說：「人比人，氣死人」，父母一開始攀比後就對自己的孩子感到不滿，就開始嫌棄他，說話的口氣就越來越不好，一開口就要罵，這會使得孩子見到父母就想躲避。

親子溝通的管道一但關閉，當孩子變得不再跟父母說話，免得「討罵」時，這個孩子就是在行為偏差的邊緣了，因為他碰到挫折無人可傾訴，也無人可以指引，這會使小事變大事。家中缺乏溫暖使他不願回家，最後加入幫派，因為那裡有大哥小弟的溫暖。

我們前面單元的重點放在嬰幼兒時期父母的照顧與教養上，然後再討論上學後，孩子在學校所碰到學習和人際關係方面的問題，當然做功課時間的分配、睡眠跟學習的關係、怎樣可以增加孩子的創造力，也是我們著力的重點。

孩子在成長的過程中一定會碰到很多形形色色的挫折，雖然我們無法全部講到，但是不論什麼挫折，父母的支持永遠是最重要的。所以我們有幾個單元討論如果孩子在學校被同學霸凌了，做父母的該怎麼辦？我們要先拿出同理心來安慰他，再教他如何應付那些找麻煩的人，不得已時，甚至得出面幫他解決。

　　這時期孩子最需要的就是家庭和父母的支持。其實，所有的孩子最渴望的就是父母的肯定和支持，我們會發現，當別人在父母面前稱讚孩子時，孩子的眼睛都發光，因為他為父母帶來榮耀。古代人考上了進士，做了官都要回鄉祭祖，光耀門楣是孝順父母最好的方法，這個觀念一直到現在都還有。孩子拿到博士，母親就是模範母親，了解到這一點，請替你的孩子留面子，而且盡量讓他感到你以他為榮。

　　教養是個藝術，不是個科學，所以它沒有一定的方法。

　　每個家庭不同，每個孩子性情也不同，唯一的準則就是看到孩子的長處，忽略他的短處。你對他的信任會使他不敢令你失望，而循規蹈矩的讀書做事。信任是教養的核心，但信任不是放任，這點千萬不可弄錯。

　　我們教養孩子，是希望他健健康康平安長大，成為社會的棟樑。

孩子從事哪一方面工作都沒關係，只要是他喜歡，有興趣的就好。因為人生最美滿的事，就是你做你喜歡的事，有人付錢請你做，還要求著你做，這時，不論他從事哪個冷門領域，他都會有飯吃而且活得快樂。

過去教養著重在知識和品性，在二十一世紀還講究素養，素養跟文化很有關係，所謂「三流企業賣產品，二流企業賣品牌，一流企業賣文化」，文化的重要性不只在孩子的素養。現在連企業都講究講文化，一個企業的成功不只是品牌，還有企業的文化，這個文化其實是凝聚團隊的核心力量。而每個家庭也有所謂的家庭的文化，孩子很小就會說：「咦，你家這樣做嗎？我媽不是耶，我家是這樣做的。」這就是家庭的文化，父母要替孩子打造一個家庭文化，這會使他走到哪裡都不會忘記家。

父母給孩子最好的禮物是夫妻恩愛，因為只有在和諧家庭長大的孩子，他情緒的發展才會正常。而只有情緒穩定、合群助人、個性好的人才能在二十一世紀出頭。有一個研究發現：美國法學院學生畢業後，50%作律師；工學院學生畢業後，65%作工程師；只有醫學院100%作醫生。但是零售、銀行、保險、會計、投資等行業所用的人，不是看專業而是看這個人的品行。大學教的東西在職場沒幾個月就用完了，公司需要的不只是技術，更重要的是誠信、敏銳、敬業，

是人品，這是教養最終的目的。

2000年諾貝爾經濟獎得主James Heckman在1970年時做了一個大型的研究，把那一年四月在英國某城出生的1700名嬰兒，一路追蹤他們到38歲，看影響他們一生快樂和生活滿意最高的因素是什麼？結果發現不是我們以為的IQ、學業成績，而是conscientiousness，這個字沒有恰當的中文字翻譯，但它包括了：自我控制、品德以及毅力。

的確，自我的情緒控制、高尚的品德、和堅強不屈的毅力是成功的必要條件，父母了解了決定孩子事業成功和一生快樂的三個必要條件後，就可以從這三個方向去教養孩子，使他們成為對國家盡忠、對父母盡孝、對社會盡責任的好公民。

國家圖書館出版品預行編目（CIP）資料

洪蘭老師從科學實證中談孩子成長與教養學習：
給0~12歲孩子的家長 符合大腦科學的教育方式
/ 洪蘭著. -- 初版. -- 臺北市：華品文創出版股份
有限公司, 2023.01
面； 公分
ISBN 978-986-5571-66-5 (平裝)

1.CST: 親職教育 2.CST: 子女教育 3.CST: 兒童
發展

528.2   111019727

洪蘭老師
從科學實證中談孩子成長與教養學習

給0～12歲孩子的家長
符合大腦科學的教育方式

作者　　　　　洪　蘭
Podcast製作人　田麗雲
總經理　　　　王承惠
財務長　　　　江美慧
印務統籌　　　張傳財
業務統籌　　　龍佩旻
行銷總監　　　王方群
美術設計　　　不倒翁創意視覺

出版者　　　　華品文創出版股份有限公司
　　　　　　　公司地址：100台北市中正區重慶南路一段57號13樓之1
　　　　　　　倉儲地址：221新北市汐止區大同路一段263號9樓
　　　　　　　讀者服務專線：(02) 2331-7103
　　　　　　　倉儲服務專線：(02) 2690-2366
　　　　　　　E-mail：service.ccpc@msa.hinet.net
總經銷　　　　大和書報圖書股份有限公司
　　　　　　　地址：242新北市新莊區五工五路2號
　　　　　　　電話：(02) 8990-2588
　　　　　　　傳眞：(02) 2299-7900
印刷　　　　　卡樂彩色製版印刷有限公司
初版一刷　　　2023年1月1日
初版二刷　　　2023年3月
定價　　　　　平裝新台幣380元
ISBN　　　　　978-986-5571-66-5